本书获2024年上海市教育委员会本级项目"小学兴趣化、
及师资队伍建设（项目编号：117–AC9103–

融·变：体育教育实践
与上海市中小学体育课程改革探索

王改芳◎著

吉林大学出版社
·长 春·

图书在版编目（CIP）数据

融·变：体育教育实践与上海市中小学体育课程改革探索 / 王改芳著. -- 长春：吉林大学出版社，2024.11. -- ISBN 978-7-5768-4245-6

Ⅰ. G633.962

中国国家版本馆 CIP 数据核字第 2024TW1827 号

书　　名：融·变：体育教育实践与上海市中小学体育课程改革探索
　　　　　RONG·BIAN：TIYU JIAOYU SHIJIAN YU SHANGHAI SHI
　　　　　ZHONG-XIAOXUE TIYU KECHENG GAIGE TANSUO
作　　者：王改芳
策划编辑：卢　婵
责任编辑：卢　婵
责任校对：陶　冉
装帧设计：文　兮
出版发行：吉林大学出版社
社　　址：长春市人民大街 4059 号
邮政编码：130021
发行电话：0431-89580036/58
网　　址：http://www.jlup.com.cn
电子邮箱：jldxcbs@sina.com
印　　刷：武汉鑫佳捷印务有限公司
开　　本：787mm×1092mm　　　1/16
印　　张：12.75
字　　数：160 千字
版　　次：2024 年 11 月　第 1 版
印　　次：2025 年 4 月　第 1 次
书　　号：ISBN 978-7-5768-4245-6
定　　价：72.00 元

前　言

在全球化与信息化的浪潮中，中小学体育教育作为培养青少年身心健康、促进其全面发展的关键环节，正经历着深刻的变革与挑战。本书正是在这一时代背景下应运而生，旨在深入探讨体育教育改革的现状与未来，特别是上海市在这一领域中的独特实践与探索。

本书首先以广阔的视野，概览了国内外体育教育改革的趋势与动态，为读者呈现出一幅全面而深入的改革画卷。在此基础上，特别聚焦于上海市，剖析其体育课程改革的特色与亮点，展现这座城市在推动体育教育现代化、创新化方面的勇气与智慧。

本书将目光投向高校体育教育专业的培养现状。从培养目标、课程设置，到师资力量、教学资源等方面进行了全面而细致的分析，旨在揭示当前培养模式下存在的问题与挑战，从而为后续的改革实践提供有力的支撑。同时，还对体育教育专业与中小学体育需求的适配性进行评估，以期更好地服务于基础教育的发展。

在教育见习、教育实习与教育研习这三个体育教育实践的重要环节上，本书分别设专章进行深入探讨，着重分析它们与中小学体育改革的内在联系，揭示它们之间相互促进与融合的关系，为培养适应未来需求的体

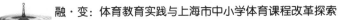
育教育人才提供宝贵的思路与策略。

此外，本书还通过一系列生动的中小学体育教育实践与课程改革融合案例，展示了上海市小学体育兴趣化、初中体育多样化、高中体育专项化的具体实施路径与成效。通过对这些案例的深入分析与总结，提炼出宝贵的改革经验，为未来的体育教育实践提供有益的参考。

面向未来，本书进一步探讨了中小学体育教育专业发展的新要求、新方向，提出融合科技与教育的新路径，构建实践与理论并重的体育教育评价体系，并展望未来中小学体育教育的发展蓝图。这些思考与探索，旨在为广大体育教育工作者、研究者及政策制定者提供有益的启示与借鉴。

最后，本书从支持体系构建、互动机制设计到评价体系与持续改进等方面，为体育教育实践与课程改革的深度融合提供全面的支持与创新策略。我们相信，这些策略的实施将有助于推动体育教育事业的繁荣发展，为青少年的健康成长贡献更多的力量。

本书是对中小学体育教育改革的深度剖析与前瞻思考，旨在为广大读者提供一个全面了解中小学体育教育改革现状与未来的窗口，共同推动中小学体育教育事业的蓬勃发展。

王改芳

2024年6月

目　录

第一章　体育教育改革概览

第一节　国内外体育教育改革趋势

一、改革背景与动因

在全球化与信息化浪潮的推动下，教育领域正经历着前所未有的变革。国内外教育改革呈现出多元化、个性化、终身化等显著趋势，这些趋势不仅深刻影响着传统教育模式的转型，而且为体育教育的发展提供了新的契机和方向。

（一）国内外教育改革大趋势分析

1. 全球化视野下的教育融合

全球化浪潮推动了经济、文化和教育领域广泛的交流与合作，在体育教育领域表现得尤为突出。国际体育竞赛成为展示与交流体育教育成果的舞台，提升了学生的竞技水平，又促进了新理念、新方法的传播，为全球体育教育标准的统一与提升奠定了基础。文化交流活动的兴起为体育教育理念的融合提供了土壤，孕育出丰富多彩、包容开放的体育教育生态。国际学生体育评估体系的建立，为学生搭建了展示自我、提升竞技水平的平台，也为各国提升体育教育质量提供了参考，进一步推动了全球体育教育标准的制定与实施，引领体育教育迈向更美好的未来。

2. 个性化教育的兴起

在知识经济时代，个性化教育成为教育改革的重要方向。体育教育作为全面素质教育的重要组成部分，也开始注重学生的个体差异和兴趣需求。国内外的体育教育逐渐从传统的"一刀切"模式向个性化、差异化教学转变，通过提供多样化的课程内容和灵活的教学方式，以满足不同学生的体育兴趣和发展需求。例如，美国的"SPARK"体育课程就强调通过游戏化教学激发学生的学习兴趣，提高学生的参与度。在这一转变下，体育课程不再局限于传统的田径、球类等项目，而是引入了更多符合学生兴趣和需求的运动项目，如瑜伽、攀岩、街舞等。同时，教学方法也更加注重学生的主体性和参与性，通过游戏化教学、情境教学等方式激发学生的学习兴趣和积极性，让学生在轻松愉快的氛围中享受体育带来的乐趣与成长。这种个性化教育的兴起，不仅促进了学生体育素养的全面提升，而且为体育教育的未来发展指明了方向。

3. 终身教育理念的普及

在学习型思想和终身教育理念广泛传播并迅速发展的背景下，构建以终身教育理念为目标的社会生态逐渐成为各国教育发展和改革的宏伟目标[1]。终身教育理念强调教育应贯穿人的一生，体育教育领域也开始注重培养学生的终身体育意识和习惯。为实现这一目标，体育教育体系致力于构建全面、连续的体育教育链条，关注学生离校后的自主锻炼能力和持续参与体育活动的热情。体育教育融入更多元化的内容和方法，注重培养学生的体育兴趣、运动习惯和健康生活方式，鼓励学生主动参与、自主探究。同时，社会各界也积极参与终身体育教育的推广，为学生创造丰富的体育实践机会，使体育成为他们生活中不可或缺的一部分。

4. 科技与体育教育的深度融合

科技与体育教育的深度融合正引领体育教育走向智能化、个性化的新时代。以大数据、人工智能为代表的新兴科技的快速发展，使人类进入一个"人机物"三元融合的万物智能互联时代[2]。信息技术、人工智能等新技术在体育教育领域的广泛应用，为体育教学提供了便捷、高效的工具，并为学生带来全新的学习体验和锻炼方式。智能穿戴设备、大数据分析等技术的应用，使体育教育更加科学、精准，教师能够实时监测学生的运动数据，进行个性化教学指导，同时也为体育教育研究与发展提供了宝贵的数据支持。虚拟现实（VR）、增强现实（AR）等技术的引入，创造了更加真实、沉浸式的运动场景，提高了学生的学习兴趣和参与度，培养了他们的空间感知能力、反应速度和团队协作能力。

（二）体育教育在教育改革中的地位变化

1. 从边缘化到核心化的转变

在传统的教育体系中，体育教育常被视作"副科"，处于相对边缘的位置。学校体育存在着"说起来重要，做起来次要，忙起来不要"的落差现象[3]。然而，随着教育理念的更新以及人们对健康生活重视程度的提高，体育教育逐渐从边缘走向核心。教育改革强调学生的全面发展，体育教育作为培养学生身体素质、团队协作能力和意志品质的重要途径，其重要性日益凸显。许多国家和地区开始将体育教育纳入核心课程体系，增加课时量，提高教学质量，以确保每个学生都能获得充足的体育锻炼机会。

2. 从单一技能训练到综合素养培养的转变

传统的体育教育往往侧重于运动技能的传授和训练，忽视了学生体育素养和综合能力的培养。然而，在教育改革的大背景下，体育教育开始注重从单一技能训练向综合素养培养的转变。这不仅包括教会学生掌握基本的运动技能，还注重培养学生的体育兴趣、运动习惯、健康生活方式以及社会适应能力等。体育教育通过多样化的教学内容和灵活的教学方法，旨在促进学生身心健康的全面发展，为他们的终身学习和生活奠定坚实的基础。

3. 从封闭式教学到开放合作的转变

传统的体育教育往往局限于校园内，采用封闭式的教学模式，缺乏与外界的交流与合作。然而，随着教育改革的推进，体育教育开始打破这一界限，朝着开放合作的方向转变。这包括加强学校与社区、家庭以及体育组织之间的合作，共同为学生的体育锻炼提供支持和保障。同时，体育教育还积极引入社会资源，如聘请专业教练、组织校际联赛等，为学生提供更广阔的舞台。这种开放合作的教学模式不仅丰富了学生的体育生活，也促进了体育教育资源的共享和优化配置。

（三）推动体育教育改革的关键因素

1. 政策引领与制度保障

政策引领是体育教育改革的重要驱动力。政府和教育部门通过制定并实施一系列有利于体育教育发展的政策措施，如将体育纳入学生综合素质评价体系、增加体育课时量、提高体育教师待遇等，为体育教育改革提供了明确的方向和有力的支持。同时，完善的制度保障也是确保体育教育改革顺利推进的必要条件。这包括建立健全的体育教育管理制度、评估机制和监督机制，以确保体育教育的质量和效果。

2. 教育理念与师资建设

教育理念的更新是体育教育改革的核心。随着全面素质教育理念深入人心，体育教育不再仅是技能的传授，而是更加注重学生身心健康的全面发展。这种教育理念的转变促使体育教育在教学内容、方法和评价等方面进行全面创新。同时，优秀的体育师资队伍是体育教育改革的重要保障。加强体育教师的专业培训和职业发展，提高他们的教学水平并更新其教育理念，是提高体育教育质量的关键。

3. 社会支持与资源投入

体育教育改革离不开社会的广泛支持和资源的有效投入。家庭、社区、体育组织以及社会各界对体育教育的关注和支持，能够为体育教育改革营造良好的社会氛围和外部环境。此外，加大对体育教育资源的投入，如建设体育设施、购买体育器材、引进专业教练等，也是推动体育教育改革不可或缺的因素。这些资源的投入不仅能够改善体育教育条件，还能为学生提供更加丰富多样的体育锻炼机会和展示平台。

二、主要改革方向与内容

（一）我国体育教育改革的新理念与目标

1. 新理念的确立

我国体育教育改革的新理念强调全面发展观，即体育应与德育、智育、美育、劳育有机融合，共同促进学生的全面发展。同时，秉持"健康第一"的核心原则，将促进学生身心健康作为体育教育的首要任务，确保学生在体育锻炼中获得身心的全面发展。此外，新理念倡导终身体育，致力于培养学生终身参与体育锻炼的习惯和能力，使他们在未来的生活中能够持续保持健康的身体和积极的生活态度。这三个理念的融合为国内体育教育改革指明了方向，也为学生的全面发展奠定了坚实的基础。

2. 改革目标设定

我国体育教育改革的目标设定明确且全面，旨在通过优化教学内容、方法和手段，提高体育课堂的教学质量，确保学生能在高效、有趣的体育课堂环境中实现全面发展。同时，体育教育改革特别注重学生体质健康的增强，力求通过科学的体育锻炼和健康管理，使学生达到国家规定的体质健康标准，为其奠定坚实的健康基础。此外，培养体育兴趣与技能也是体育教育改革的重要目标之一，旨在激发学生对体育运动的热爱，帮助他们掌握多项运动技能，从而丰富他们的课余生活、提升个人素养，并养成终身体育运动的习惯。最终，改革致力于通过体育教育促进学生的全面发展，不仅提升他们的身体素质，还注重提高他们的心理素质、社会适应能力和综合素质，使他们成为具备全面素养和能力的优秀人才，以更好地应对未来社会的挑战。

（二）国外体育教育改革的成功经验与启示

1. 国外体育教育改革成功经验总结

国外体育教育改革的成功经验为我们提供了宝贵启示。他们构建了多元化的体育课程体系，以满足不同学生的多样化需求，确保每位学生都能在体育教育中找到适合自身的发展路径。同时，国外高度重视体育教师的专业发展和继续教育，通过严格的师资培训提升教师的教学水平，为体育教育教学质量提供了有力保障。此外，他们注重学校与社区的紧密合作，共同促进学生的体育锻炼，营造了全社会共同关注和支持体育教育的良好氛围。最后，国外在体育教学中广泛运用现代科技手段，如智能化教学设备、数据分析等，以科技辅助体育教学，极大地提高了教学效果和学生的学习体验。这些成功经验为我国体育教育改革提供了有益的参考与借鉴。

2. 国外体育教育改革对我国的启示

国外体育教育改革的成功经验对我国体育教育改革有着重要的启示作

用。为进一步完善我国体育课程体系、满足学生的多样化需求，应借鉴国外多元化体育教育课程体系建设的经验。同时，必须高度重视体育教师的专业发展和继续教育，通过加大培训力度，提升他们的专业素养和教学水平，为体育教育质量提供有力保障。除此之外，还应积极拓宽合作渠道，加强学校与社区、家庭等各方面的紧密合作，共同促进学生的体育锻炼，形成全社会共同关注和支持体育教育的良好氛围。最后，为创新体育教学模式、提高学生的学习兴趣和参与度，应积极引入科技元素，利用智能化教学设备、数据分析等现代科技手段辅助体育教学，从而推动我国体育教育改革不断深入和发展。

三、我国体育教育改革成效与挑战

（一）我国体育教育改革取得的显著成效

1. 学生体质显著提高

现阶段国内外体育教育改革在学生体质提高方面取得了显著成效。通过实施多样化的体育课程并强化体育锻炼，学生的体能、耐力、协调性等身体素质得到了全面提高。在我国，如上海市的中小学体育课程改革，通过"小学体育兴趣化、初中体育多样化"的策略，有效地激发了学生对体育的兴趣，增加了运动量，为终身体育习惯的养成奠定了基础。在国外，许多国家通过制定严格的体育课程标准和实施全面的体质监测计划，确保学生在校期间得到充足的体育锻炼，显著提升了学生的整体体质水平。

2. 教学模式创新

体育教育教学模式的创新是国内外体育教育改革所取得的又一重大成效。传统教学模式往往侧重于技能传授和体能训练，而现代体育教育改革更加注重学生的个体差异和兴趣需求，推动了个性化、差异化教学的发展。在我国，上海市的体育课程改革通过引入智能化教学设备、大数据分析等现代科技手段，为体育教学提供了更为便捷、高效的教学工具，同时鼓励教师创新教学方法，如游戏化教学、情境教学等，极大地提高了学生的学习兴趣和参与度。在国外，许多国家也在积极探索和推广新的体育教学模式，如合作学习、项目式学习等，这些模式不仅有助于培养学生的团队协作能力和创新精神，还使体育教学更贴合学生的实际需求和生活实际。

3. 社会协同与资源整合

体育教育改革还促进了社会协同与资源整合的深化。在我国，上海市的中小学体育课程改革得到了政府、学校、家庭以及社会各界的广泛支持与参与。政府加大了对体育教育的投入，学校积极开展各类体育活动和赛事，家庭和社会也为学生提供了更多的体育锻炼机会和资源。这种多方参与和资源整合的模式不仅为学生创造了更为多样的体育实践机会，还有助于营造全社会共同关注和支持体育教育的良好氛围。在国外，许多国家通过加强学校与社区、体育俱乐部等机构的合作，共同推进体育教育的普及与发展。这种合作模式不仅有助于充分利用社会体育资源，还为学生提供了更多样化的体育锻炼选择，进一步促进了学生体质的提高和体育兴趣的培养。

（二）面临的挑战与问题剖析

1. 教育资源配置不均

体育教育的发展在很大程度上受教育资源配置状况的影响。当前，国内外均存在教育资源，尤其是优质体育教育资源分配不均的问题。部分学校和地区因经费、设施等条件的限制，无法提供丰富多样的体育课程和活动，致使学生参加体育锻炼的机会受限且质量难以保证。

2. 师资队伍建设滞后

体育教师的专业水平和教学能力直接影响体育教育的质量。然而，当前国内外都面临体育教师数量匮乏、专业素养参差不齐的问题。部分教师缺乏现代化的教学理念和手段，难以适应体育教育改革的需求，这直接制约了体育教育改革的深入推进。

3. 评价体系尚不完善

体育教育评价体系的完善是衡量改革成效的重要标准。然而，当前国内外的体育教育评价体系仍存在诸多问题，如评价标准单一、过度强调竞技成绩、忽视学生个体差异和全面发展等。由于体育能力量化程度不足、体育课程能力评价内容抽象以及评价内容未能反映能力发展诉求，导致能力目标评价模糊且缺乏操作方案[4]。这种不完善的评价体系不仅无法准确反映学生的体育素养和综合能力，还可能挫伤学生参与体育活动的积极性。

4. 社会认知与参与度不足

体育教育的改革与发展需要全社会的共同关注和支持。然而，当前国内外均存在对体育教育重要性认识不足、社会参与度较低的问题。部分家长和学生过于看重学业成绩，忽视了体育锻炼的重要性。同时，社会各界对体育教育的支持和投入也相对有限，这进一步制约了体育教育改革的进程和成效。

（三）应对挑战的策略与建议

1. 政策支持与投入

政府应加大对体育教育的政策支持和财政投入，制定更为明确、具体的体育教育发展目标与规划。同时，出台相关政策以鼓励学校、社区和家庭共同参与体育教育，形成全社会关注和支持体育教育的良好氛围。

2. 优化资源配置

加大体育教育资源的均衡配置力度，尤其要关注农村和边远地区体育教育的发展，确保所有学生都能享受到优质的体育教育。同时，充分利用现代信息技术手段，如智能化教学设备和大数据分析，提升体育教育资源的利用效率和教学效果。

3. 加强师资队伍建设

随着数字技术进步及国家政策导向，教育数字化转型已成为一种发展方向和战略[5]。在数字化赋能体育教学的过程中，对体育教师的专业素养提出了新的要求。应加大对体育教师的培训力度，提高他们的数字化素养和教学能力，使他们能够适应体育教育改革的需求。同时，鼓励体育教师进行教学创新和实践探索，打造一支具备现代化教学理念和手段的体育教师队伍。

4. 完善评价体系

构建多元、全面的体育教育评价体系，注重评价学生的体育素养、综合能力以及个体差异。同时，引入过程性评价和表现性评价，鼓励学生积极参与体育活动，培养学生的终身体育意识和习惯。

5. 提升社会认知与参与度

加强体育教育的宣传与推广，提高全社会对体育教育重要性的认识。同时，鼓励家长、社区和社会各界积极参与和支持体育教育，为学生提供更多的体育锻炼机会和资源。通过这些策略和建议的实施，我们能够有效地应对体育教育改革中的挑战与面临的问题，推动体育教育的持续发展和创新。

第二节 上海市体育教育改革特色

一、改革理念与目标定位

为贯彻落实中共中央、国务院《关于加强青少年体育 增强青少年体质的意见》[6]以及中共上海市委、市人民政府《关于切实提高青少年身心健康水平实施学生健康促进工程的通知》[7]的有关要求，2012年，上海市率先启动高中体育专项化课程改革，为实现义务教育阶段学校体育课程改革与高中阶段的有序衔接，2015年5月，又启动了"小学体育兴趣化、初中体育多样化"学校体育课程改革试点工作。至此，上海市基础体育教育全面改革拉开序幕。

（一）上海市体育教育改革的基本理念

1. 小学体育兴趣化

小学体育兴趣化指在小学阶段培养学生基本的体育素养，激发学生广泛的体育与健身兴趣，引导学生热爱体育、乐于参加体育活动，以提高学生身体活动能力和基本运动技能，养成日常生活中良好的体育锻炼习惯，促进学生体质健康目的的体育课程[8]。在小学阶段，上海市体育教育改革的核心理念是培养学生对体育的兴趣与热爱。通过实施小学体育兴趣化的教学策略，注重趣味化的教学内容和活动设计，力求让学生在轻松愉悦的氛围中体验体育的乐趣，从而为其终身体育习惯的养成奠定坚实的基础。

2. 初中体育多样化

初中体育多样化指在初中阶段培养学生的体育素养，在形成兴趣、经历多个运动项目和多种体验的基础上，发现符合学生个体需要的运动项目进行学习，以掌握基本运动技能、促进体能发展和自主锻炼、养成健康生活方式为目的的体育课程。进入初中阶段，上海市体育教育的重点转变为提供多样化的体育课程和活动，旨在满足学生不同的兴趣和需求。通过丰富的课程内容和灵活的教学方式，不仅促进了学生的全面发展，还着重培养学生的特长和个性。通过多样化的体育课程和活动，引导学生发现自己的体育兴趣和特长，为终身体育和专项体育的发展打下坚实的基础。

3. 高中体育专项化

在高中阶段，上海市体育教育的核心理念是专项化发展。这一阶段鼓励学生根据自己的兴趣和特长选择适合自己的体育项目进行深入学习和训练，以培养学生的专项技能和竞技水平。具体目标包括提升学生的专项运动技能，使学生在所选项目中达到较高的竞技水平，并且通过专项化的体育训练，培养学生坚韧不拔、勇于挑战的精神。同时，这一阶段也为学生未来在体育领域的进一步发展或作为终身体育活动奠定了坚实的基础。

（二）改革目标的明确与细化

1. 学生发展

上海市体育教育改革注重学生发展维度，旨在全面提高学生的身体素质，确保学生在不同年龄段都能达到相应的体能标准。同时，改革也强调运动技能的培养，小学阶段注重学生基础运动技能的培养，初中阶段鼓励学生掌握多项运动技能，高中阶段则侧重于学生专项运动技能的提升。此外，改革还致力于培养学生对体育活动的持久兴趣，形成积极参与体育锻炼的习惯，为终身体育打下基础。

2. 课程与教学

上海市体育教育改革致力于构建多样化的体育课程体系，以满足不同学生的兴趣和需求，增加课程的吸引力和实效性。同时，改革也注重教学方法的创新，采用灵活多样的教学方法，注重学生的个体差异，提高体育教学的针对性和有效性。此外，建立科学合理的体育评价体系也是改革的重要目标之一。体育评价体系既关注学生的体能和技能水平，也重视学生的体育态度、习惯和团队协作能力等。

3. 教师发展

教师发展也是上海市体育教育改革的重要考量因素。改革旨在通过培训和研修，提升体育教师的专业素养和教学能力，使教师能够更好地适应和推动体育教育改革。同时，改革也注重引导体育教师转变传统的教学观念，树立以学生为中心的教学理念，注重学生的全面发展和个性培养。

4. 学校与社区协同

上海市体育教育改革强调强化学校体育设施的建设和管理，确保学生拥有充足的运动空间和器材进行体育锻炼。同时，改革也积极整合社区体育资源，为学校提供更多的体育活动场所和机会，促进学校体育与社区体育的融合发展。这一维度的改革目标旨在为学生创造更好的体育锻炼环境，促进学生的全面发展。

（三）目标定位与上海市教育发展的契合度

上海市体育教育改革的目标定位清晰，即小学体育兴趣化、初中体育多样化、高中体育专项化，这一目标与上海市教育发展的整体方向高度契合。通过体育教育领域的改革，上海市不仅关注学生身体素质的提升，还注重培养其运动技能、体育兴趣和良好习惯，旨在进一步促进学生的全面发展。同时，改革推动了课程与教学的创新，鼓励体育教师在教学方法和教学内容上进行探索与尝试，以适应新时代学生发展的需求。此外，上海市体育教育改革还注重教师的专业成长，通过培训和进修等方式提升体育教师的专业能力和教学理念，为教育改革的深入实施提供了有力保障。最后，改革还致力于实现学校与社区的深度融合，通过整合社区体育资源、开放学校体育设施等方式，打破壁垒，共同为学生创造更为丰富的体育教育环境，这一举措不但提升了学生的体育参与度，而且为上海市教育改革的持续发展注入了新的活力。

二、特色举措与实践案例

（一）小学体育兴趣化的具体举措与成效

在小学体育兴趣化方面，上海市推行了多项具体举措。学校通过引入游戏化、趣味化的教学方式，将体育活动与游戏相结合，让学生在轻松愉快的氛围中体验运动的乐趣。同时，学校还开设丰富多样的体育课程，如足球、篮球、乒乓球等，以满足学生不同的兴趣和需求，进一步激发他们的运动热情。这些举措的实施取得了显著成效。学生对体育活动的参与度显著提高，他们在游戏中锻炼身体，培养了其对体育的兴趣和爱好。此外，通过多样化的体育课程，学生不仅掌握了基本运动技能，还培养了团队协作精神和综合素质，为后续的体育学习和发展奠定了坚实的基础。

（二）初中体育多样化的实施策略与案例分享

上海市在初中体育多样化实施上积极创新，学校不仅提供基础体育课程，还增设了武术、舞蹈、田径等特色项目，以满足学生多样化兴趣和特长。同时，鼓励体育教师灵活调整课程内容，确保每个学生都能找到适合自己的体育活动。部分学校通过开设特色课程和组织多样化的比赛活动取得了显著成效，如某校的武术课程提升了学生的身体素质和自律精神，另一所学校通过篮球赛、田径运动会等活动增强了学生的团队协作和竞争意识。这些策略和案例表明，初中体育多样化改革在上海市取得了积极进展，丰富了学生的课程选择，提高了学生的身体素质和综合素质，为后续体育教育发展奠定了基础，也为其他地区提供了借鉴。

（三）高中体育专项化的创新模式与实践探索

上海市高中在体育专项化的实施过程中，积极响应教育改革，创新体育教学模式。该模式依据高中生身心发展特点设立多样化的体育专项课程，并采用分层教学策略，以满足学生的多样化需求。教师注重个性化指导，整合校内外资源，提供专业化、个性化的体育教学服务。实践表明，这种教学模式成效显著，以某校的篮球专项化教学为例，学生的篮球水平大幅提升，同时身体素质得到增强，团队协作和竞争意识得以提高，许多学生还找到了自己的兴趣和目标，为未来的体育发展奠定了基础。

三、上海市体育教育改革影响与经验总结

（一）对学生身心健康的积极影响

上海市体育教育改革通过小学体育兴趣化、初中体育多样化、高中体育专项化策略的实施，让体育课程变得更为多样化、专业化，丰富了学生的体育活动选择，切实提高了学生的身体素质和运动技能。同时，改革注重培养学生的团队协作精神和竞争意识，增强了学生的心理素质和社会适应能力，为学生的全面发展奠定了坚实基础。

（二）对教师专业成长的促进作用

上海市体育课程改革不仅对学生的身心健康产生了积极影响，而且极大地推动了教师的专业成长。通过小学体育兴趣化、初中体育多样化、高

中体育专项化的实施，使体育教师在教学理念、教学方法以及课程内容设计等方面得到了全面的提升。改革促使教师持续学习并更新知识，以契合不同阶段学生的需求和特点，这不仅提升了教师的教学能力和专业素养，还激发了教师在教学实践中的探索和创新精神。此外，改革鼓励教师间的合作与交流，营造出良好的教学研讨氛围，进一步推动了教师在专业领域的成长与发展。

（三）改革的经验总结与可推广性评估

上海市体育教学改革的经验表明，依据学生不同阶段的身心发展特点，实施小学体育兴趣化、初中体育多样化、高中体育专项化的策略，是提高学生身心健康和教师专业成长的有效途径。这一改革模式在上海市成效显著，其经验可供其他地区借鉴和推广。通过系统化的课程设计、专业化的教师培训以及校内外资源的有效整合，该改革模式有望在全国范围产生广泛且积极的影响。

第二章　高校体育教育专业培养现状与挑战

第一节　高校体育教育专业培养目标与课程设置

一、高校体育教育专业培养目标

随着社会经济的发展，人们对体育的需求不再局限于单一的运动需求，体育逐渐朝着社会化、娱乐化、多元化和生活化的方向发展。近年来，体育教育专业人才就业形势严峻，这给体育教育专业带来了巨大的挑战。体育教育专业人才培养目标逐渐从单一的培养目标转变为培养具有创新意识、时代意识、现代体育思想的"厚基础、高素质、高水平"的复合型人才[9]。具体目标包括如下。

（一）立德修身，树立师德典范

培养具有高尚职业道德和职业操守的体育教育人才，强调体育教师的责任感和使命感。要求体育师范生树立正确的教育观、学生观，注重言传身教、以身作则，就业后能成为中小学体育教学中的道德楷模。

（二）精技善教，胜任教学需求

要求体育师范生掌握扎实的体育理论知识和运动技能，具备科学的教学方法和策略。强调理论与实践结合，培养体育师范生的教学组织能力、语言表达能力和课堂管理能力，使其将来能够胜任体育教学的实际需求，提高教学效果。

（三）全面育人，注重个体差异

要求体育师范生做到注重学生的人文素养和科学素养的培养，强调以学生为中心的教育理念。关注体育师范生的个体差异和需求，实施因材施教，培养学生的创新意识和批判性思维。同时，强调体育教师在育人过程中的重要作用，要求体育师范生具备全面的育人素养。

（四）自主发展，适应教育变革

鼓励体育师范生具备自主学习和自我发展的能力，不断拓宽知识面和视野。培养体育师范生的研究能力和实践能力，引导其参与科研项目和社会实践活动。强调终身学习的重要性，要求体育师范生不断更新教育观念和教学方法，适应中小学体育教育的发展需求，实现个人与职业的持续发展。

二、高校体育教育专业课程设置

课程设置是人才培养的关键要素。作为专业建设的支持条件与基础，课程设置是实现人才培养目标的根本要素，也伴随着专业建设呈现出独特的发展特征，其核心要素包括课程结构与课程内容[10]。

（一）课程结构

高校体育教育专业的课程结构通常包括公共基础课程、专业基础课程、专业核心课程和实践课程四大类，这些课程相互衔接、逐步深入，共同构建起完整的知识体系。

1. 公共基础课程

此类课程是所有体育师范生的必修课，旨在培养体育师范生的基本素质和通识能力。对于体育师范生而言，公共基础课程包括但不限于思想政治理论课程（如思想道德修养与法律基础、毛泽东思想和中国特色社会主义理论体系概论等）、外语、计算机基础、大学语文等。这些课程有助于体育师范生树立正确的世界观、人生观和价值观，同时提升其语言文字表达能力和信息技术应用能力。

2. 专业基础课程

作为体育教育专业的入门课程，专业基础课程旨在为体育师范生打下坚实的专业理论基础。这类课程包括运动解剖学、运动生理学、体育保健学、学校体育学等，它们从生物学、心理学和社会学等多个视角介绍了体育科学的基本原理和方法。通过这些课程的学习，学生能够深入理解人体的运动规律、体育活动的生理与心理效应以及学校体育工作的基本规律。

3. 专业核心课程

专业核心课程是体育教育专业课程的主体部分，旨在培养学生的专业技能和教学能力。这类课程通常包括田径、体操、篮球、排球、足球等运动项目的理论与实践课程，以及体育教学法、体育课程设计与评价等教学类课程。通过这些课程的学习，学生能够掌握多种运动项目的技战术和教学方法，同时具备设计、实施和评价体育课程的能力。

4. 专业实践课程

专业实践课程是体育教育专业不可或缺的一部分，它强调理论与实践的结合。专业实践课程包括教育见习、教育实习、教育研习、社会实践、毕业论文（设计）等环节。通过参与这些实践活动，体育师范生能够亲身体验体育教学的全过程，将所学知识运用到实际教学中，进而提升自己的教学技能和育人能力。

（二）课程内容

高校体育教育专业的课程内容丰富多样，既注重理论知识的传授，又强调实践技能的培养。

1. 体育学科基础知识

体育学科基础知识包括运动解剖学、运动生理学、体育保健学等课程，这些课程构成了体育学科的基础知识体系。通过对这些课程的学习，体育师范生能够了解人体的基本结构和功能、运动对人体的影响以及运动损伤的预防和康复等知识。

2. 运动技能与教学方法

学校体育学、体育课程设计与评价等课程旨在培养体育师范生的学校体育工作能力和课程开发能力。通过对这些课程的学习，体育师范生能够了解学校体育工作的基本规律和要求，掌握体育课程设计和评价的方法和技术手段，进而能够胜任学校体育工作中的各项任务。

3. 学校体育理论与实践

各类运动项目的理论与实践课程是体育教育专业的核心内容之一。这些课程不仅教授体育师范生各种运动项目的技战术知识，还注重对体育师范生教学能力和创新意识的培养。通过模拟教学、案例分析等方法，体育师范生能够掌握多种教学方法和手段，为日后的体育教学工作奠定坚实的基础。

4.教育理论与实践

教育学基础、心理学基础、班级管理、教师职业道德等课程构成了体育教育专业的教育理论与实践体系。这些课程注重对体育师范生的教育情怀和职业道德素养的培养，提升他们的教育教学能力和班级管理能力。通过学习这些课程，体育师范生能够树立正确的教育观和学生观，掌握科学的教育方法和手段，从而将来成为具有高尚师德和优秀教育教学能力的体育教师。

第二节　师资力量与教学资源分析

一、教师队伍结构分析

高校体育教师是实现学校体育目标的根本力量，是党的教育方针的执行者[11]。体育教育质量的优劣直接反映高校的办学思想和理念，体育教师师资队伍结构的合理性对学校体育的可持续发展具有重要作用[12]。作为培养未来基础教育体育师资的摇篮，高校体育教育专业教师肩负着更大的责任，基础教育改革对高校的人才培养质量提出了更高的要求。

（一）年龄与职称分布

职称结构是指教师队伍内部各级职称的人数比例状况，是反映教学能力和学术水平的一个重要标志[13]。当前，高校体育教育专业的教师队伍在年龄和职称上呈现出一定的层次性。一方面，具有丰富教学经验和深厚学术造诣的老教师比例较高，他们为专业的发展奠定了坚实基础；另一方面，中青年教师正逐渐成为教学科研的主力军，他们充满活力、勇于创新，为专业的发展注入了新鲜血液。然而，也应注意到，部分高校存在教师年龄结构老化的问题，这一问题需要引起重视并加以解决。

（二）学历与专业背景

教师的学历是其理论基础、学术研究水平和潜在能力的重要标志，学历层次越高，在科研方面就能够更好地发挥自身潜能，这对开展高校体育工作有着很大的推动作用[14]。合理的学历结构有利于打造高素质、高水平的师资队伍，科学的学历结构对学科建设、教育发展意义重大[15]。随着教育水平的不断提升，高校体育教育专业教师队伍在学历层次上呈现出显著的上升趋势，硕士及以上学历的教师占比日益增加，体现了教师队伍整体学术水平和专业素养的不断提高。同时，教师的专业背景也更加多元化，不再局限于传统的体育教育领域，而是广泛涵盖了运动训练、运动人体科学、体育心理学、体育管理学等相关学科。这种多元化的专业背景为体育教育专业的跨学科发展提供了有力支持，有助于推动专业内部的交叉融合与创新，从而培养出更具综合素质和创新能力的体育教育人才，以更好地适应时代发展的需求和高校体育教育的实际。

二、教学水平分析

（一）教学方法与手段

高校体育教育专业教师不断创新教学方法和手段，积极适应时代发展需求并紧密结合科技进步成果，旨在提升教学质量和效果。他们突破传统讲授模式，采用启发式、讨论式、案例式等多种教学方法，鼓励体育师范生主动思考，加深知识理解，培养创新思维。同时，充分利用多媒体和网络等现代化教学手段，丰富学习体验，提高体育师范生的学习兴趣和积极性。网络教学打破时空限制，使学生能够随时随地学习，有助于培养其自主学习和终身学习的习惯。此外，教师还利用线上平台、知识图谱、人工智能等技术持续改进教学，实现个性化教学，进一步提升学习效果。

（二）教学成果与科研能力

近年来，高校体育教育专业教师在教学成果和科研能力方面取得了显著成绩。他们积累了丰富的教学经验，注重将教学成果与教学实践紧密结合，不断创新教学方法和内容，以满足体育师范生的学习需求和社会发展对体育教育人才的需求。同时，他们积极投身科研活动，发表了大量学术论文和专著，为专业的学术发展做出了重要贡献，并且为体育教育实践提供了有力的理论支持和方法指导。更为关键的是，他们还致力于将科研成果转化为实际的教学应用，通过开发新的教学课程、教材和教学方法，将最新的科研成果引入课堂教学，提升了教学质量和效果，培养了体育师范生的创新思维和实践能力，为体育师范生未来的职业发展奠定了坚实的基础。

三、教学资源配置及利用情况分析

（一）体育设施建设

体育设施是高校体育教育专业不可或缺的教学资源。当前，多数高校都具备较为完善的体育设施，如田径场、体育馆、游泳池等，能够满足体育教学和训练的基本需求。然而，伴随学生人数的增加和体育项目的多样化发展，部分高校在体育设施建设方面仍存在一定的不足，需要加大投入力度。

（二）图书资料与网络资源

图书资料和网络资源是体育师范生学习和科研的重要辅助工具。高校体育教育专业应重视图书资料和网络资源的建设和管理，及时更新和补充相关书籍、期刊和电子资源，从而为体育师范生提供便捷的学习途径和丰富的学术资源。

（三）实践教学基地

实践教学基地是高校体育教育专业培养体育师范生实践能力的重要平台。体育教育专业具有较强的实践性和应用性，强调培养复合应用型人才，想要保证专业教学效果，不仅要做好校内教学工作，还应重视校外实践教学基地的建设，推动理论教学与实际教学的相互结合[16]。通过与中小学、健身俱乐部、运动训练机构等建立合作关系，建立稳定的实践教学基地，能够为体育师范生提供更多的实践机会和就业渠道。同时，实践教学基地的建设也有助于促进产学研合作和科技成果转化。

第三节　当前培养模式下的问题与挑战

一、培养目标与市场需求的对接问题

（一）培养目标定位不准确

当前，部分高校体育教育专业的培养目标定位不够精准，过于注重理论知识的传授，而忽视了实践技能和综合素质的培养。这致使毕业生在就业市场上缺乏竞争力，难以满足用人单位的实际需求。

（二）市场需求变化快速

随着社会经济的快速发展和体育产业的不断壮大，特别是中小学体育改革的迅速推进，市场对体育教育人才的需求也在不断变化之中，并且对一线体育教师的素养提出了更高的要求。然而，部分高校在制订培养目标时未能及时跟上市场需求的步伐，与中小学体育教育一线的实际需求存在脱节现象，导致培养出的准体育教师在胜任力方面有所欠缺，难以满足当前体育教育发展的迫切需求。

（三）培养目标与课程设置脱节

培养目标与课程设置之间本应存在紧密的联系，然而在实际情况中，部分高校的体育教育专业却出现了培养目标与课程设置相脱节的现象。尤其在师范专业认证的背景下，体育教育专业的课程设置需要做出较大调整，以便更好地围绕培养目标和毕业要求来设置课程。然而，遗憾的是，目前一些高校的课程设置未能充分体现培养目标的要求，致使体育师范生在学习过程中难以构建完整的知识体系和技能结构，进而影响到他们的专业素养和未来的职业发展。

二、课程设置与学科发展的平衡问题

（一）课程设置传统，缺乏创新性

当前，部分高校体育教育专业的课程设置仍然较为传统，缺乏创新性，课程内容陈旧，未能及时反映体育教育领域的最新研究成果和前沿动态，使得体育师范生无法接触到最新的知识和技术，知识体系和技能结构滞后。同时，传统的课程设置过于注重理论知识，忽视了实践技能和创新能力的培养，限制了学生综合素质的提升和未来发展潜力。因此，高校体育教育专业需要积极探索课程设置的创新，引入新的教学理念和方法，以适应时代需求并促进体育师范生发展。

（二）学科交叉融合不足

随着学科交叉融合趋势的日益显著，体育教育专业课程不应局限于本学科内，而应加强与其他学科的交叉融合。通过交叉学科的学习，既能彰显体育教育专业学科的外在属性，又能体现体育专业课程的内在文化属性。然而，目前一些高校的课程设置在学科交叉融合方面存在欠缺，未能充分借鉴其他学科的理论和方法来丰富和完善体育教育专业的课程体系。

（三）课程设置与实际应用脱节

除存在传统、缺乏创新性以及学科交叉融合不足的问题之外，部分高校体育教育专业的课程设置还存在与实际应用脱节的情况。课程设置往往过于理论化，与实际体育教育工作和市场需求缺乏紧密联系。体育师范生在学习过程中难以获得实际操作的机会，无法将所学知识应用于实际情境中，导致他们在毕业后难以快速适应工作岗位的要求。因此，高校体育教育专业需要更加注重课程设置的实用性，强化与实际体育教育工作的联系，提供更多的实践机会，以培养体育师范生的实际操作能力和解决问题的能力。

三、师资力量与教学质量的提升问题

（一）师资短板：高水平教师匮乏

当前，部分高校体育教育专业面临师资力量薄弱的状况。高水平教师的匮乏成为提升教学质量的瓶颈，不但影响体育师范生的学习成效，而且制约着专业的整体发展。因此，吸引和培养高水平教师成为解决教学质量难题的关键。

（二）教学滞后：方法陈旧，创新不足

除师资问题外，部分高校体育教育专业的教学方法也较为陈旧，缺乏创新。传统教学方法侧重于知识传授，忽视对体育师范生实践能力和创新思维的培养。这导致学生缺乏学习的主动性和创造性，难以适应时代和社会的需求。因此，改革教学方法，引入新的教学理念和技术，成为提升教学质量的紧迫任务。

（三）评价困境：教学质量评价体系待完善

教学质量评价体系是衡量教学质量的重要依据。然而，部分高校体育教育专业的教学质量评价体系尚不健全，存在评价标准模糊、评价过程不透明等问题。这使得教学质量难以得到客观、公正的评价，也阻碍了教学质量的持续提升。因此，完善教学质量评价体系，建立科学、合理的评价标准，是保障教学质量提升的重要基石。

四、教学资源与培养质量的保障问题

（一）教学资源分配不均，利用效率亟待提高

当前，高校体育教育专业虽已具备一定的教学设施和实验条件，但在实际教学中教学资源分配不均的问题依旧存在。部分优质教学资源往往集中在某些特定的课程或项目上，而其他课程或项目则可能面临资源匮乏的困境。这种不均衡的分配状况不仅影响教学效果，而且制约培养质量的提

升。因此，优化教学资源分配、提高其利用效率成为当前亟待解决的重要问题。

（二）体育师范生规模扩大，教学资源压力增大

随着体育师范生规模的持续扩大，高校体育教育专业所面临的教学资源压力也不断攀升。现有的教学设施、实验条件以及师资力量等难以满足体育师范生日益增长的需求。这导致体育师范生在学习过程中可能无法获取充足的教学资源支持，进而影响其学习效果和培养质量。因此，扩大教学资源规模、提高教学资源承载能力成为保障培养质量的重要任务。

（三）教学资源更新滞后，难以适应时代发展

除分配不均和利用效率不高外，部分高校体育教育专业的教学资源还存在更新滞后的问题。一些陈旧的教学设施、实验条件以及教材等难以适应时代发展和社会需求。这导致学生在学习过程中无法接触到最新的知识和技术，限制了他们的视野和创新能力的发展。因此，及时更新教学资源、使其与时代发展同步成为提升培养质量的重要环节。

第四节　面向中小学体育需求的适配性评估

一、培养目标与中小学体育需求的对接程度

2020年教育部印发的《〈体育与健康〉教学改革指导纲要》旨在深化体育教学改革，强化"教会、勤练、常赛"，指导全国中小学生体育教师科学、规范、高质量地上好体育课，帮助学生在体育锻炼中更好地"享受乐趣、增强体质、健全人格、锻炼意志"，促进青少年学生身心健康全面

发展[17]。当前，高校体育教育专业的培养目标在一定程度上与中小学体育教育的实际需求存在脱节现象。部分高校的培养目标过于理论化，缺乏对学生实践能力和综合素质的培养，导致毕业生在适应中小学体育教学工作时面临困难。因此，有必要重新审视和调整培养目标，使其更贴近中小学体育教育的实际需求，注重培养学生的教学实践能力、课程设计与评价能力以及体育活动的组织与管理能力。

二、课程设置与中小学体育课程的契合度

高校体育教育专业的课程设置应与中小学体育课程保持高度契合。体育教育专业需顺应时代发展的需求，合理调整课程结构，合理分配学时，增强课程的适应性，以满足学生、高校和社会的不同需求[18]。然而，现实中存在课程设置不合理、课程内容陈旧等问题，导致体育师范生在校期间所学知识与技能与中小学体育教学的实际需求存在较大差距。因此，需要优化课程设置，更新课程内容，增设与中小学体育课程相关的实践性和应用性课程，提高学生的教学适应性和实效性。

三、实践教学与中小学体育教学环境的融合度

实践教学是高校体育教育专业培养的重要环节，但当前实践教学与中小学体育教学环境的融合度不高。各院校课程设置与基础教育联系不够紧密，实践课所占比例较小，教育实习时间偏短，甚至缺少教育见习[19]。部分高校的实践教学环节缺乏与中小学的合作与交流，致使体育师范生在实践教学中无法充分体验和理解中小学体育教学的实际情境和问题。因此，需要加强高校与中小学的合作，共同构建实践教学平台，使学生在实践中能更好地适应中小学体育教学的环境和要求。

四、高校体育教育专业毕业生就业能力与中小学体育教师岗位的匹配度

高校体育教育专业毕业生的就业能力是其培养质量的重要体现。体育教育专业人才培养要与教师职业能力特征、教师队伍建设需求、专业人才培养特色和基础教育改革发展相适应[20]。然而，当前部分毕业生的就业能力与中小学体育教师岗位的匹配度不高，存在就业难的问题。这主要是由于部分高校在培养过程中过于注重理论知识的传授，而忽视了对体育师范生实际教学能力和职业素养的培养。因此，需要改革培养模式，注重提升学生的教学实践能力、职业素养和创新能力，使其能更好地适应中小学体育教师岗位的需求。

第三章 体育师范生教育见习与中小学体育改革的融合

第一节 体育师范生教育见习的意义、目的与现状分析

一、体育师范生教育见习的意义与目的

作为体育师范生职前培养至关重要的环节，教育实践类课程主要包括教育实习、教育见习与教育研习三部分。其中，教育见习作为重要的实践活动内容，承担着从教育理论学习到教育实习之间过渡的重要任务。教育见习是体育教育专业学生学习过程中的重要环节，它不仅是理论知识与实践操作相结合的桥梁，更是学生深入了解教育行业、提升职业素养的关键途径。

（一）理论与实践结合

教育见习是师范生架构理论知识与实践知识的桥梁，师范生在积累一

定的本体性知识和条件性知识的基础上，进行验证学习进而获得实践性知识的一个环节[21]。通过教育见习，体育教育专业学生能够将课堂上学到的体育教育理论知识，如运动生理学、运动训练学、体育课程与教学论等应用到实际教学中，从而加深对这些理论知识的理解。同时，学生还能在实践中掌握教学的基本技能和方法，如课堂管理、教学设计、教学方法与策略等，为未来的体育教学工作打下坚实的基础。

（二）了解教育行业

教育见习为学生提供了一个近距离观察和理解中小学体育教育现状的机会。通过教育见习，学生能够深入了解教育行业的运作机制，包括教育政策、教学管理制度、学校文化等。同时，他们还能亲身体验教学环境，了解中小学学生的学习特点、兴趣爱好以及面临的挑战，从而更全面地把握体育教育行业的现状和发展趋势。

（三）提升职业素养

在教育见习过程中，学生通过参与教学活动的设计、实施和评估，能够锻炼自己的组织能力、沟通能力和解决问题的能力。他们需要学会如何制订教学计划、组织课堂活动、与学生有效沟通以及应对各种教学突发情况。这些实践经历将有助于提升他们作为一名体育教育工作者所必备的职业素养，为他们未来的职业发展奠定坚实的基础。

（四）为职业生涯规划打下基础

通过教育见习，学生可以更清晰地认识到自己的职业兴趣和发展方向。他们可以通过实践了解自己的教学风格、擅长的教学领域以及需要进一步提升的教学能力。同时，见习过程中的经验和教训也将为他们未来的职业生涯规划提供宝贵的参考，帮助他们更好地规划自己的职业发展路径，实现个人价值和社会价值的统一。

二、体育教育专业教育见习目标与任务

体育教育专业教育见习是促进学生能力全面发展的重要环节，紧密围绕学生未来作为体育教育工作者的核心能力要求而设计。其目标与任务明确，旨在通过实践环节，使学生在专业技能、教育理念、职业素养以及个人发展规划等方面得到全面提升。

（一）教育见习目标

体育教育专业教育见习的目标是多维度的，其核心在于全面提升学生的专业能力。通过教育见习，学生能够将所学的体育教育理论知识应用于实际教学中，掌握课程设计、教学方法、课堂管理等基本技能，实现理论与实践的有效结合。同时，教育见习致力于使学生深入了解体育教育行业的现状和发展趋势，理解并践行现代教育理念，注重学生的全面发展，培养学生的终身体育意识。在此过程中，学生的组织能力、沟通能力和解决问题的能力也将得到锻炼，从而提升其作为体育教育工作者所必备的职业素养。最终，教育见习期望帮助学生明确自己的职业兴趣和发展方向，为未来的职业生涯规划提供坚实的实践基础。与教育实习更注重长期教学实践和深度参与不同，教育见习更注重短期观察、体验与学习。

（二）教育见习任务

1.专业技能学习与实践

在教育见习过程中，学生将深入观察并记录见习学校体育教师的教学过程和方法，积极学习并实践有效的体育教学策略。同时，在指导教师

的帮助下，学生计划设计并实施至少一次完整的体育教学课，包括课前准备、课堂实施和课后反思，以确保能够全面掌握并运用多种体育教学方法与策略，提高课堂教学的有效性和趣味性，同时注重学生的个体差异和需求。

2. 教育理念融入与育人实践

学生将努力了解见习学校的教育理念和体育教学目标，并将其融入自己的教学设计，以确保教学实践能够注重培养学生的终身体育意识和能力。同时，学生还将积极参与见习学校的体育教研活动，通过了解体育教育行业的最新动态和发展趋势，不断拓宽自己的教育视野。在此过程中，学生将始终践行师德规范，树立良好的教师形象，注重与学生的沟通交流，以实现更好的育人效果。

3. 职业素养锻炼与提升

在教育见习过程中，学生将积极参与教学活动的组织与实施，通过实践锻炼自己的组织能力、沟通能力和解决问题的能力。同时，学生将努力与见习学校的师生建立良好的关系，注重师德修养，以树立良好的教师形象。此外，学生还将不断反思自己的教学实践，及时发现并改正不足之处，以提升自身的职业素养，为未来的职业发展打下坚实的基础。

4. 个人发展规划与反思完善

学生将制订个人见习计划，明确见习目标和期望达成的成果，并规划自己的职业发展路径。在见习过程中，学生将不断反思自己的教学实践和职业发展规划，根据实际情况调整并完善自己的职业规划。同时，学生还计划与指导教师和其他见习生积极交流经验，以拓宽视野，为未来的职业发展积累更多的实践经验。

三、体育教育见习内容与形式

教育见习的内容设置在整个教育实践过程中起着至关重要的作用。教育见习课程是从教育理论学习到教育实习之间的关键过渡环节[22]。职前教师普遍认为，在教师培养课程中，教育实习对从教准备的贡献程度较为显著，相比之下，教育见习的贡献度则相对较低。职前教师普遍感觉到教育见习在课程中受到的关注程度不及教育实习，缺乏具体的指导和明确的内容设置[23]。

（一）体育教育见习核心内容安排

为了实现体育教育见习的目标和任务，见习内容需要合理设置，以确保学生能够在专业技能、教育理念、职业素养以及个人发展规划等方面得到全面提升。具体内容如下。

1. 专业技能学习与实践模块

（1）观察并记录见习学校体育教师的教学过程和教学方法，包括课程设计、教学方法、课堂管理等方面。

（2）在指导教师的帮助下，设计并实施至少一次完整的体育教学课，涵盖课前准备、课堂实施和课后反思环节。

（3）学习并实践多种体育教学方法与策略，提高课堂教学的有效性和趣味性，同时注重学生的个体差异和需求。

2. 教育理念融入与育人实践模块

（1）了解见习学校的教育理念和体育教学目标，并将其融入自己的教学设计之中。

（2）参与见习学校的体育教研活动，了解体育教育行业的最新动态和发展趋势。

（3）践行师德规范，注重与学生的沟通交流，以实现更好的育人效果。

3. 职业素养锻炼与提升模块

（1）积极参与教学活动的组织与实施，锻炼自己的组织能力、沟通能力和解决问题的能力。

（2）与见习学校的师生建立良好的关系，注重自身的师德修养，树立良好的教师形象。

（3）不断反思自己的教学实践，及时发现并改正不足之处，从而提升自身的职业素养。

4. 个人发展规划与反思完善模块

（1）制订个人见习计划，明确见习目标和期望达成的成果。

（2）规划自己的职业发展路径，并不断反思和调整职业规划。

（3）与指导教师和其他见习生积极交流经验，拓宽视野，为未来的职业发展积累实践经验。

（二）体育教育见习形式

我国师范生的教育实践存在目标不够清晰、内容不够丰富、形式较为单一等问题[24]。为确保见习内容得以有效实施并达成目标，见习形式应更加灵活多样。具体形式如下。

1. 观摩学习

组织学生深入课堂，观摩见习学校体育教师的实际教学过程，让学生近距离观察并学习教学技巧、课堂管理以及与学生的互动方式。这种形式旨在通过直接观察，帮助学生积累实践经验，为日后的教学工作奠定基础。

2. 实践操作

在指导教师的悉心指导下，让学生亲自设计并实施体育教学课程。通过从课前准备到课后反思的完整流程，学生能够掌握并运用多种体育教学方法与策略，提升教学的实战能力。

3. 研讨交流

定期组织学生开展研讨交流活动，分享见习过程中的宝贵经验和心得。通过共同探讨体育教育领域的问题和解决方案，学生能够拓宽思路，加深对教育实践的理解。

4. 专题讲座

邀请体育教育领域的知名专家或学者到校举办专题讲座，为学生带来前沿的教育理念、教学方法以及行业动态。这将有助于拓宽学生的教育视野，便于其了解体育教育行业的最新发展趋势。

5. 自主研究

鼓励学生根据自己的兴趣和见习学校的实际情况，自主选择研究课题深入研究。通过自主研究，学生能够提升研究能力、培养创新思维，并为体育教育实践注入新的活力。

四、体育教育见习效果评估与反馈机制

为确保体育教育见习的成效与质量，构建一套科学、全面的效果评估与反馈机制至关重要。这一机制不仅关乎见习生的个人成长，还直接影响体育教育整体水平的提升。具体机制如下。

（一）见习效果评估体系

制订一套明确的见习效果评估标准，是确保评估公正、客观的基础。

该标准应涵盖专业技能的掌握程度，如教学设计、课堂管理、教学方法的运用等；同时，也要考量教育理念的融入情况，即见习生能否将先进的教育理念融入实际教学；此外，职业素养的提升幅度也是一个重要的评估维度，包括沟通能力、团队协作能力、问题解决能力等。通过量化指标与质性评价相结合的方式，能够对见习生的整体表现进行更为全面、深入的评估，从而更精准地把握他们的成长与进步。

（二）多元化反馈渠道

建立多元化的反馈渠道是确保见习生获得全面、客观评价的关键。指导教师评价能够提供专业、深入的指导建议；同伴互评可从同行角度发现见习生在教学中的亮点与不足；自我反思是见习生自我成长的重要途径，通过反思，他们能更深入地了解自己的教学风格、优势与有待提升之处；同时，见习学校师生的反馈也不可或缺，他们能从学生角度提供关于教学效果、师生互动等方面的宝贵意见。通过这些多元化的反馈渠道，见习生能够更全面地认识自己的教学表现，为后续的成长与发展明确方向。

（三）持续改进与激励机制

评估与反馈仅是手段，真正的目的在于帮助见习生在实践中不断修正和完善自己的教学技能与教育理念。因此，根据评估结果与反馈意见，制订针对性的改进计划至关重要。同时，为激发见习生持续进步的积极性，设立激励机制必不可少。对表现优异的见习生予以表彰与奖励，不仅能肯定他们的努力与成果，还可以激励其他见习生向他们学习，从而营造积极向上的学习氛围。

五、体育教育见习现状

《教育部关于加强师范生教育实践的意见》（教师〔2016〕2号）提

出，师范生教育实践仍存在目标不清晰、内容与形式较为单一、管理评价缺失等问题，体育师范专业毕业生的教育教学能力不能完全适应中小学教学的实际需要，所学专业知识在实践中难以融会贯通[25]。目前的体育教育见习存在如下一些问题。

（一）教育见习价值体现不足

当前，我国普遍存在重视教育实习而轻视教育见习的现象。在中国知网中以"教育见习"与"教育实习"为关键词进行搜索（检索年限不限）。如图3-1所示，共检索到教育见习中文文献763篇、教育实习文献5376篇，教育见习的中文文献数量显著少于教育实习。这表明在学术层面，教育见习所受关注度远低于教育实习。教育见习在学术层面与实践层面受关注不足，致其价值未能充分体现。

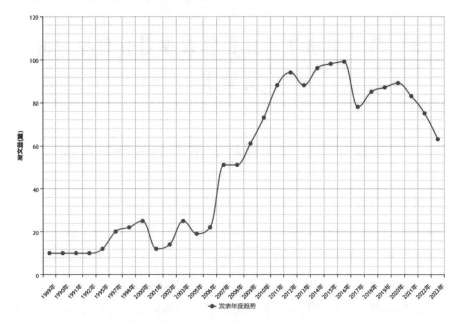

图3-1　我国关于教育见习研究领域年发文量

（二）教育见习缺乏系统性设计

教育见习作为体育师范生专业课堂的延伸，这一过程包含多个模块，需要不断调整与创新，以形成一套既适应实际需要又符合学生学习发展规律的组织模式。相较于教育实习和教育研习，教育见习在时间安排上具有前置性。然而，目前我国仍缺乏明确的统一标准，更多的仅停留在模式的理论探讨层面，缺乏实际操作方案及细则。当前师范院校的见习主要安排在大二和大三的学期末进行观课，这种设计安排无法使学生深入教学实际情境，无法保证见习效果。见习内容安排也较为随意，未能根据师范生的课程安排进行相应的系统性规划，导致一个完整的教育实践活动链条无法形成。这使得师范生出现理论与实践脱节的情况，其专业能力与教学素养无法得到充分、全面的发展。

第二节　中小学体育课程改革对教育见习的新要求

一、教育见习在体育课程改革中的角色与定位

教育见习在中小学体育课程改革中扮演着至关重要的角色，并有着明确的定位。它是体育课程改革的实践平台，见习生作为实践者，将课程改革理念转化为实际的教学行为。同时，见习生也是观察者与反馈者，通过实地观察与体验，为课程改革提供第一手的反馈与建议。此外，见习生作为课程改革的探索者与先行者，他们的实践与创新为课程改革的深入推进提供了动力。综上所述，教育见习在中小学体育课程改革中扮演着实践者、观察者、反馈者以及探索者与先行者等多重角色，并且作为理论与实

践的桥梁以及课程改革的推动力量，具有不可替代的地位。

二、中小学体育课程改革对体育教育见习内容与方式的影响

随着上海市中小学体育课程改革的不断深入，小学体育兴趣化、初中体育多样化、高中体育专项化的改革模式已初见成效，这些变化对体育教育专业学生的教育见习在见习内容和见习方式两大维度上产生了显著影响。

（一）对见习内容的影响

1. 课程内容与形式的丰富性

（1）小学体育兴趣化：见习生需关注如何通过趣味性的体育游戏激发学生对体育的兴趣，学习设计符合小学生身心特点的体育活动。

（2）初中体育多样化：见习内容应涵盖多种体育项目，了解并实践如何为学生提供多样化的体育体验，帮助他们发现适合自己的运动项目。

（3）高中体育专项化：见习生需深入了解专项化教学，观察并学习如何根据学生兴趣和特长进行小班专项化教学，培养学生的运动特长。

2. 新课程理念的融入

在见习过程中，需强调"健康第一""终身体育"等新课程理念的融入，见习生需要思考并实践如何在教学中体现这些理念，以促进学生的全面发展。

3. 专业素养与能力的提升

课程改革对体育教师的专业素养提出了更高的要求，见习内容需注重提升见习生的教学设计、课堂管理、学生评价等能力，以及应对突发情况

的能力。

（二）对见习方式的影响

1. 实地见习与远程观摩相结合

实地见习依然是主要方式，但随着信息技术的发展，远程观摩也成为可能。见习生可通过网络平台观看优秀体育课例，拓宽视野，学习先进教学经验。

2. 师徒制与小组合作并行

实行师徒制，让经验丰富的体育教师指导见习生，传授教学经验和技巧。同时，鼓励见习生之间组成小组，共同研讨教学问题，相互学习，共同进步。

3. 反思性实践与研究性学习

在见习过程中，注重培养见习生的反思性实践能力，鼓励他们撰写见习日志，记录教学过程中的得失与感悟。同时，倡导研究性学习，引导见习生针对课程改革中的热点问题进行深入研究，提出自己的见解和解决方案。

4. 参与式评估与反馈

见习评估不再单纯依赖指导教师的评价，而是采用参与式评估方式，让见习生、指导教师、学生及家长等多方参与评估过程。同时，建立即时反馈机制，帮助见习生及时了解自己的不足并加以改进。

三、中小学体育课程改革背景下教育见习角色与功能的转变

（一）角色转变：从旁观者到积极参与者

1. 实践者角色强化

实践者角色在教育见习过程中得到显著强化。见习生不再仅仅作为旁观者进行简单的观摩与学习，而是需要更深入地参与到体育教学实践中，亲身体验体育教学的全过程。他们需要将所学的理论知识转化为实际教学能力，并通过实践检验和提升自己的教学水平。同时，见习生在实践中还需要注重与学生的互动，了解学生的需求和特点，以便更好地进行体育教学，实现理论与实践的有机结合。

2. 研究者角色凸显

研究者角色在教育见习中日益凸显。见习生被鼓励以研究者的眼光审视体育教学，对课程改革中的热点问题进行深入思考与探索。他们应积极参与体育教学研究，通过实践验证和创新教学方法与手段，为体育教学注入新的活力。同时，见习生需要培养自己的科研能力，学会收集和分析数据，以便为课程改革提供科学依据，推动体育教学的科学发展。

3. 反馈者角色重视

反馈者角色在教育见习中受到高度重视。见习生作为新鲜血液，他们的观察与体验对课程改革具有重要价值。因此，见习生需要积极提供反馈与建议，促进课程改革的不断完善和优化。他们应与指导教师和其他教师保持密切沟通，共同探讨课程改革中的问题，并提出解决方案，为课程改革的顺利进行贡献自己的力量。

（二）功能转变：从单一教学体验到多元能力培养

1. 教学能力提升

除掌握基本教学技能外，见习生还要关注教学设计、课堂管理、学生评价等多元教学能力的提升。他们应学会根据学生的特点和需求进行个性化教学，以提高教学效果。同时，见习生要掌握先进的课堂管理技巧，确保体育教学的顺利进行，为成为一名优秀的体育教师打下坚实的基础。

2. 专业素养增强

见习过程应注重见习生专业素养的全面提升，包括体育理论知识、运动技能、教育心理学等多方面的知识。见习生应不断学习并更新自己的专业知识，及时关注体育教学相关的最新动态和研究成果。此外，他们还要培养自己的教育心理学素养，学会与学生进行有效沟通和心理辅导，从而更好地满足学生需求。

3. 创新能力激发

鼓励见习生在实践中创新，探索新的教学方法与手段，为课程改革注入新活力。见习生应勇于尝试新的教学理念和方法，不断寻求突破和创新。同时，他们还要培养自己的批判性思维能力，学会对传统教学方法进行反思和改进，为体育教学的发展贡献自己的力量。

4. 社会适应能力提高

通过见习教学，见习生能更好地了解社会与教育的实际需求，提高未来的社会适应能力。他们要学会如何与社会各界进行有效沟通与合作，为未来职业发展打下坚实的基础。同时，见习生还应关注社会和教育的发展趋势，不断调整和完善自己的职业规划和发展目标，以适应不断变化的社会需求。

四、见习生如何应对体育课程改革的新要求

随着中小学体育课程改革的不断深入，体育教育专业见习生面临着新的机遇与挑战。为更好地适应课程改革的新要求，见习生要从多方面进行应对与提升。

（一）深入理解课改理念，关注学生全面发展

见习生要深入理解体育课程改革的核心理念与目标。课程改革强调以学生为中心，注重培养学生的体育素养和综合能力。因此，见习生要转变传统教学观念，从关注学生的运动技能转向关注学生的全面发展，注重培养学生的体育兴趣、运动习惯和终身体育意识。

（二）提升专业素养与能力，适应课改新需求

见习生要积极提升自己的专业素养与综合能力。在课程改革背景下，体育教师要具备更全面的知识和技能。见习生应充分利用见习机会，深入学习体育理论知识、运动技能和教育心理学等相关知识，提升自己的教学设计、课堂管理和学生评价等多元教学能力。同时，见习生要注重培养自己的创新能力和批判性思维能力，勇于尝试新的教学理念和方法，不断寻求突破和创新。

（三）注重师生互动沟通，实现个性化教学

见习生还要注重与学生的互动与沟通。在课程改革中，学生的主体地位更加凸显。见习生要学会与学生建立良好的师生关系，关注学生的需求和特点，根据学生的实际情况进行个性化教学。同时，见习生还要注重培养学生的自主学习和合作学习能力，引导学生在体育活动中积极参与、乐于探究、勇于实践。

（四）积极参与课改实践，贡献新鲜血液力量

见习生要积极参与课程改革实践与研究。见习生作为新鲜血液，其观察与体验对课程改革具有重要价值。他们应积极参与体育教学研究，通过实践验证和创新教学方法与手段。同时，见习生要与指导教师和其他教师保持密切沟通，共同探讨课程改革中的问题和解决方案，为课程改革的顺利进行贡献自己的力量。

第三节　教育见习与体育课程改革的契合点

一、观摩优质体育课例，聚焦小学至高中体育教学改革趋势

在教育见习过程中，观摩优质体育课例是见习生了解和实践体育教学的重要环节，尤其在当前中小学体育课程改革的背景下，它对于见习生把握不同阶段体育教学的特点具有重要意义。小学体育注重兴趣化，初中体育强调多样化，高中体育则侧重专项化教学，这三个阶段共同构成了体育课程改革的整体趋势。

（一）小学阶段：观摩课例，学习激趣教学，培养运动习惯

在小学阶段，观摩优质体育课例能够让见习生直观地了解到如何在体育教学中激发学生的兴趣。课程改革强调以学生为中心，小学体育教师尤其注重对学生的体育兴趣和运动习惯的培养。通过观摩，见习生可以观察到优秀体育教师是如何运用游戏化教学、情境模拟等教学方法和手段，来激发学生的学习兴趣和参与度，为终身体育打下良好基础。

（二）初中阶段：关注多样，满足需求，促进全面发展

进入初中阶段，在观摩过程中，见习生应关注体育教学的多样化。课程改革倡导教学内容的丰富性和教学方法的多样性，以满足不同学生的需求。见习生能够观察到优质体育课例中如何结合学生的实际情况和兴趣爱好，设计多样化的教学活动和课程内容，如设置不同的运动项目、采用小组合作学习等方式，进而促进学生的全面发展。

（三）高中阶段：注重专项，因材施教，奠定未来基础

高中阶段，见习生在观摩时应特别关注体育教学的专项化教学趋势。随着体育课程改革的深入，越来越多的学校开始注重对学生的专项运动技能培养。通过观摩优质体育课例，见习生可以了解到高中体育教师是如何在教学中设置专项运动技能的学习和实践环节，如何根据学生的特长和兴趣进行针对性的指导和培养，从而为学生未来的体育发展奠定基础。

二、参与体育教学设计与实施，体验课程改革精神

在教育见习过程中，参与体育教学设计与实施是见习生深入体验和践行体育教学的重要环节，也是其亲身体验课程改革精神的有效途径。小学、初中、高中三个阶段各有侧重，共同彰显了体育课程改革的核心理念。

（一）小学阶段：设计趣味教学，实施激趣策略，培养运动兴趣

在小学阶段，见习生应积极参与体育教学设计，注重将趣味元素融入教学中，以激发学生的运动兴趣。通过设计富有创意的教学活动，如游戏化

教学、情境模拟等，见习生能够亲身体验到如何在实际教学中运用这些策略来培养学生的体育兴趣和运动习惯，进而为终身体育打下坚实的基础。

（二）初中阶段：设计多样教学，满足学生需求，促进全面发展

进入初中阶段，见习生在参与体育教学设计与实施时，应注重教学内容的多样性和教学方法的灵活性，以满足不同学生的需求。通过设计多样化的教学活动和课程内容，如设置不同的运动项目、采用小组合作学习等方式，见习生能够亲身体验到如何在实际教学中促进学生的全面发展，同时也能够深入理解课程改革所倡导的教学内容的丰富性和教学方法的多样性。

（三）高中阶段：设计专项教学，注重因材施教，奠定未来发展基础

到了高中阶段，见习生在参与体育教学设计与实施时，应特别关注专项化教学趋势。通过设计针对专项运动技能的教学和学习环节，见习生能够亲身体验到如何在实际教学中根据学生的特长和兴趣进行针对性的指导和培养。这一过程不仅有助于见习生深入理解课程改革的精神，而且能够为其未来的体育教学工作奠定坚实的基础，从而更好地服务于学生的体育发展。

三、学生体质健康测试与评估，理解改革成效

在教育见习过程中，参与学生体质健康测试与评估是见习生全面了解体育教学改革成效的重要环节。通过这一环节，见习生能够深入领会上海中小学体育课程"兴趣化、多样化、专项化"改革对学生体质健康的积极

影响，从而更为全面地把握体育课程改革的核心理念和实际效果。

（一）小学阶段：测试兴趣化成果，评估运动习惯养成

在小学阶段，见习生应参与学生体质健康的测试与评估工作，尤其关注"兴趣化"改革的成效。通过测试和评估，见习生能够直观地了解到小学生在体育教学"兴趣化"引导下的体质健康状况，以及他们运动习惯的养成情况。这些数据和反馈将为见习生提供宝贵的实践经验，帮助他们理解"兴趣化"改革在提升学生体质健康方面的积极作用。

（二）初中阶段：多样测试内容，全面评估学生发展

进入初中阶段，见习生在参与学生体质健康测试与评估时，应注重评估内容的多样性和全面性，以体现"多样化"改革的核心理念。通过设计多样化的测试项目，见习生能够全面评估学生在不同运动项目上的表现和发展情况，进而更深入地理解"多样化"改革在促进学生全面发展方面的成效。同时，这些测试数据也将为见习生提供有力的实证支撑，帮助他们更好地把握初中体育教学的特点和规律。

（三）高中阶段：专项测试与评估，见证因材施教成效

高中阶段，见习生在参与学生体质健康测试与评估时，应着重关注"专项化"教学的改革成效。通过对学生专项运动技能的测试和评估，见习生能够亲眼见证"专项化"教学在提升学生体质健康和专项运动技能方面的显著成效。这些数据将有力地证明"专项化"改革在因材施教、促进学生个性化发展方面的积极作用，同时也将为见习生未来的体育教学工作提供宝贵的参考与借鉴。

四、见习过程中的中小学体育兴趣化、多样化、专项化体验

在教育见习过程中，见习生深入体验了中小学体育课程的"兴趣化、多样化、专项化"改革，这一环节对见习生理解体育课程改革的方向和核心理念具有重要意义。

（一）小学体育兴趣化体验：激发运动热情，培养终身体育意识

在小学阶段的见习中，见习生深刻体验到体育兴趣化教学的魅力。教师们通过运用游戏化教学、情境模拟等富有创意的教学方法，成功地激发了学生对体育运动的热情和兴趣。见习生观察到，学生们在体育课堂上积极参与，享受运动带来的乐趣，逐渐形成终身体育的意识。这使见习生深刻认识到，兴趣化教学在培养学生体育兴趣和运动习惯方面具有至关重要的作用。

（二）初中体育多样化体验：满足学生需求，促进全面发展

进入初中阶段，见习生见证了体育教学的多样化改革。教师们根据学生的实际情况和兴趣爱好，设计了多样化的教学活动和课程内容，如设置不同的运动项目、采用小组合作学习等方式。这种多样化的教学方式不仅满足了不同学生的需求，还促进了学生的全面发展。见习生深刻体会到，多样化教学对提升学生的综合素质和适应能力具有重要意义。

（三）高中体育专项化体验：因材施教，奠定未来发展基础

在高中阶段的见习中，见习生亲身体验了体育教学的专项化改革。教师们注重根据学生的特长和兴趣进行针对性的指导和培养，设置了专项运动技能的学习和实践环节。这种专项化的教学方式不仅提升了学生的专项

运动技能水平，还为他们的未来体育发展奠定了坚实的基础。见习生深刻认识到，专项化教学对培养学生的专业素养和个性化发展具有重要影响。

第四节 融合实践中的挑战、协调机制与对策

一、见习生在中小学体育改革实践中的困难与挑战

见习生在中小学体育改革实践中，虽满怀热情且具备专业知识，但在实际融合过程中，仍面临诸多困难与挑战。这些困难与挑战既源于外部环境，也与见习生自身的适应和成长密切相关。

（一）面临的困难

1. 理念与现实的差距

见习生在进入中小学体育课堂之前，往往对体育课程改革理念有较为深入的理解。然而，一旦真正踏入课堂，便会发现理想与现实存在较大差距。传统的体育教学观念和方法在部分学校依然根深蒂固，这使得见习生在推行新课程理念时颇感力不从心。

2. 资源与设施的限制

尽管近年来中小学体育设施和器材有所改善，但见习生在实践中仍发现，许多学校的体育资源和设施无法满足新课程的需求。这种资源上的限制不仅影响见习生的教学实践，也制约了体育课程改革的深入推进。

3. 师生关系的适应

见习生在进入中小学后，需迅速适应新的师生关系。但由于年龄、经验等方面的差异，见习生在与学生建立信任和沟通时可能遇到一定困难，

这在一定程度上影响了见习生的教学实践和课程改革推进。

（二）面临的挑战

1. 教学技能的提升

见习生在中小学体育改革实践中，需要不断提升自己的教学技能。然而，因实践经验不足，见习生在教学设计、课堂管理、学生评估等方面可能面临较大挑战。

2. 课程改革的深入理解

见习生虽在理论上对体育课程改革有所了解，但在实践中，他们需要更深入地理解课程改革的核心理念、目标以及实施策略。这对见习生来说是一项不小的挑战，需要他们不断学习与探索。

3. 多方协调与合作

在中小学体育改革实践中，见习生需与学校领导、教师、学生以及家长等多方进行协调与合作。然而，由于角色和立场的差异，见习生在协调与合作过程中可能遇到一定阻力和挑战。

二、高校与中小学合作中的协调与支持机制

在中小学体育改革实践进程中，高校与中小学之间的合作显得尤为重要。为有效应对见习生在实践中遇到的困难与挑战，构建一套完善的协调与支持机制至关重要。

（一）协调机制

1. 定期沟通与交流

高校与中小学应建立定期的沟通与交流机制，针对体育课程改革的进

展状况、见习生的实践情况、遇到的问题及解决方案等进行深入探讨。这有助于双方及时了解彼此的需求和动态，共同推进改革实践。

2. 共同制订教学计划

高校与中小学应共同制订见习生的教学计划，以确保见习生在实践中的教学内容、方法与中小学体育课程改革的理念和目标相契合。这有助于见习生更好地融入中小学体育课堂，提升教学实践成效。

3. 资源共享与支持

高校与中小学应实现体育资源和设施的共享，为见习生提供更多的教学实践机会和条件。同时，高校能够为中小学提供体育课程改革的专业指导和支持，共同推动改革向纵深发展。

（二）支持机制

1. 专业指导与培训

高校应为见习生提供专业的指导和培训，帮助他们更好地适应中小学体育课堂，提升教学实践能力。这可以包括体育教学理念、教学方法、课堂管理等方面的培训。

2. 实践机会与平台

高校应为见习生提供更多的实践机会和平台，让他们有机会亲身参与中小学体育课程的改革实践。这可以通过与中小学建立合作关系、开展联合教学活动等方式实现。

3. 反馈与评估机制

高校应建立见习生的反馈与评估机制，及时了解他们在实践中的困难和挑战，并给予针对性的指导和帮助。同时，通过对见习生的教学实践进行评估，能够进一步完善和优化高校与中小学之间的合作机制。

三、见习基地建设与资源共享的探索

在中小学体育改革实践中，见习基地的建设与资源共享是推动见习生有效参与实践的重要环节。为提升见习生的实践能力和教学质量，同时促进中小学体育课程的改革与发展，积极探索见习基地建设与资源共享显得尤为必要。

（一）见习基地建设

1. 标准化与规范化

见习基地的建设应遵循严格的标准化与规范化原则，以确保见习生获得全面、系统且高质量的实践锻炼。这涵盖多个关键方面：首先，硬件设施方面，需配备专业的体育训练设施和设备，如田径场、健身房、游泳池等，并设置模拟实际体育教学和训练环境的场所，以满足见习生的学习需求，助力其将理论知识应用于体育实践教学。其次，教学资源应丰富多样，包括教材、教案、运动训练计划、体育科研数据库等，且要定期更新，与体育行业发展和最新研究成果保持同步，以支持见习生的学习和研究。最后，指导教师队伍要具备深厚的体育学术背景和丰富的体育教学与训练经验，为见习生提供专业指导和经验分享，并积极参与基地的教学和管理工作，确保见习生得到全面系统的体育教育培养。

2. 多样化与特色化

见习基地的建设应注重多样化和特色化原则，以满足不同见习生的实践需求。多样化体现为可根据地域、学校类型、体育特色等因素建立不同类型的见习基地，如城市学校见习基地、农村学校见习基地、特色体育项目学校见习基地等。这样，见习生可根据自己的兴趣和专业方向选择合适的见习基地，获取更多的实践机会和选择空间。特色化则要求见习基地在体育教学和训练方面具备一定的独特性和创新性，能够提供具有地方或学校特色的体育教学和训练内容，使见习生在实践中接触到不同的体育教学理念和方法，拓宽他们的视野和经验。

3. 稳定性与持续性

见习基地的建设还应注重稳定性和持续性原则，以确保见习生能在相对稳定的环境中进行长期的实践锻炼。稳定性表现在见习基地的硬件设施、教学资源、指导教师队伍等方面应保持一定的稳定性和连续性，避免频繁变动，以使见习生能在熟悉的环境中逐步深入了解和掌握体育教学的实际情况。持续性则要求见习基地能够长期为见习生提供实践机会和指导，确保他们能在持续的实践锻炼中不断提升自己的教学实践能力。这有助于见习生深入了解中小学体育教学的实际情况，提升他们的教学实践能力，进而为他们未来的教育事业发展奠定坚实的基础。

（二）资源共享探索

1. 教学资源共享

高校与中小学应实现教学资源的全面共享，这不仅包括教材、教案、教学视频等传统教学资料，还应涉及最新的教学理念、教学方法以及教学评估工具等。通过共享这些资源，见习生能够更为深入地了解中小学体育课程的教学内容和方法，学习如何将这些理念和方法融入实际教学中，进而提升他们的教学准备能力和教学质量。同时，这种共享机制也有助于推动高校与中小学之间的教学交流和合作，共同促进体育教学的发展。

2. 师资资源共享

高校与中小学可以建立更为紧密的师资资源共享机制，通过互派教师、共同开展教研活动等方式，实现师资力量的优化配置。具体来说，可以邀请中小学的优秀体育教师为见习生授课与指导，让他们从实践中学习如何更好地开展体育教学。同时，高校的体育教师也可前往中小学进行示范教学，与中小学体育教师共同探讨教学方法和策略，共同提升教学质量。这种师资资源共享机制有助于促进高校与中小学之间的教学互动和合作，为见习生提供更多的学习机会和实践平台。

3. 实践机会共享

见习基地应积极为见习生提供更多的实践机会，让他们能够在实际教学中锻炼并提升自己的教学能力。具体来讲，可以安排见习生参与中小学体育课程的备课、授课、评估等环节，让他们亲身体验教学的全过程。同时，也可以鼓励见习生积极参与中小学的体育活动和比赛，通过组织、指导和参与这些活动，提升他们的实践经验和组织能力。这种实践机会共享机制有助于见习生更好地将理论知识应用于实际教学中，提升他们的教学实践能力。

四、提升见习质量与效果的策略与建议

为进一步提升见习生在中小学体育改革实践中的质量与效果，需要从多维度出发，制订并实施一系列有效的策略与建议。

（一）提升见习质量与效果的策略

1. 制订个性化见习计划

根据见习生的专业背景、兴趣方向以及中小学体育课程的实际需求，为其制订个性化的见习计划。该计划需明确见习目标、内容、时间安排以及期望达成的成果。个性化的见习计划能够确保见习内容与见习生的专业发展紧密相联，提高他们的实践积极性和投入度。同时，见习计划应具备一定的灵活性，以便根据实际情况进行调整和优化。

2. 强化实践指导与反馈

为见习生配备经验丰富的中小学体育教师作为实践指导教师，定期对其教学实践予以指导和反馈。实践指导教师不仅要关注见习生的教学技能，还应关注他们的课堂管理、学生互动以及教学反思能力。通过定期的指导和反馈，见习生能够及时发现并纠正自己在教学中存在的问题，进而提升教学质量。同时，实践指导教师还可以为见习生提供职业发展建议，帮助他们规划未来的教育生涯。

3. 建立见习生交流平台

构建一个见习生之间的交流平台，如线上社群或定期举办的交流会，使他们能够分享见习过程中的经验、心得和挑战。通过相互学习和借鉴，见习生能够更快地成长和进步。交流平台还可以促进见习生之间的合作与互助，共同解决实践中遇到的问题。

（二）提升见习质量与效果的建议

1. 加强见习前的培训准备

在见习开始前，对见习生进行系统的培训，包括体育教学理念、教学方法、课堂管理等方面。培训可采用讲座、研讨会、模拟教学等多种形式，确保见习生进入中小学课堂时已具备一定的教学基础和能力。此外，还可以邀请优秀的中小学体育教师分享他们的教学经验和心得，为见习生提供更多的学习机会。

2. 鼓励见习生参与教研活动

鼓励见习生积极参与中小学的教研活动，如教学研讨、教材分析、教学观摩等。通过参与这些活动，见习生能够更深入地了解中小学体育教学的实际情况，提升自己的专业素养。同时，见习生还可以与中小学体育教师建立更为紧密的合作关系，共同推动体育课程的改革与发展。

3. 完善见习评价体系

构建一套完善的见习评价体系，对见习生的教学实践进行全面、客观的评价。评价体系应涵盖教学技能、课堂管理、学生互动、教学反思等多个方面，并采用多种评价方法，如自我评价、同伴评价、教师评价等。通过完善的评价体系，不仅能够激励见习生更加努力地提升自己的教学能力，还可以为他们未来的职业发展提供有益的参考。同时，评价体系应具备一定的反馈机制，以便见习生及时了解自己的优点和不足，并进行针对性的改进。

第四章 教育实习与中小学体育改革的实践探索与深度融合

第一节 教育实习的组织架构与管理创新

一、实习学校的甄选与合作：聚焦"三化"体育课程改革实践

（一）甄选标准明确，紧扣"三化"改革核心

在甄选实习学校时，明确把"兴趣化、多样化、专项化"作为核心标准。优先考虑那些已经积极践行或有意向推进体育课程改革，特别是在体育教学内容、方法和评价体系方面有所创新的学校。同时，也注重学校的体育教学资源、师资力量以及对学生体育兴趣和体能发展的重视程度，确保实习学校能够提供丰富多样的实践机会，以满足教育实习的多元化需求。

（二）合作机制构建，共促"三化"改革实践

为了与实习学校建立长期稳定的合作关系，共同构建了基于"三化"

改革的合作机制。这包括定期的教学研讨、课程改革项目合作、资源共享以及实习生的联合培养等。通过这些合作机制，实习学校能够提供更具针对性的实践机会，并且高校教师的专业指导也能为实习学校的体育课程改革注入新的活力，共同推动"三化"改革的深入实践。

（三）实践平台搭建，强化"三化"教学体验

在甄选与合作的基础上，进一步与实习学校共同搭建"三化"体育教学的实践平台。这包括共同设计体育课程教学方案、开展课外体育活动、进行体育教研与科研活动等。通过搭建这些实践平台，实习生能够亲身参与到"三化"体育教学的全过程，深化对体育课程改革理念的理解和应用，提升体育教学实践能力，同时也为实习学校带来新的思维和活力。

二、实习计划的系统化设计：融入"三化"核心理念，确保实习质量

（一）核心理念融入，明确实习目标

在实习计划的制订过程中，首先将"兴趣化、多样化、专项化"的核心理念融入其中，明确实习的目标和期望成果。要求实习生在实习过程中，不仅要掌握基本的体育教学技能，还要深入理解并实践"三化"理念，探索如何在体育教学中激发学生的学习兴趣，提供多样化的教学内容，以及关注学生的个性化发展。

（二）系统化设计，确保实习内容全面

为确保实习内容的全面性和系统性，设计了涵盖师德师风、体育教学、班级育人、课外体育活动、体育教研与科研等多个方面的实习计划。

在体育教学方面，要求实习生参与"三化"理念下的课程设计与实施，亲身体验不同教学策略的应用。在课外体育活动方面，鼓励实习生设计与组织多样化的体育活动，提升学生的体育兴趣和参与度。在体育教研与科研方面，引导实习生关注体育课程改革中的实际问题，进行有针对性的研究与实践。

（三）质量监控与评估，保障实习效果

为确保实习质量，建立了严格的质量监控与评估机制。定期对实习生的实习进展进行检查与评估，包括实习日志、教学反思、教学展示等多个方面。同时，也鼓励实习学校对实习生的表现进行评价与反馈，以便及时调整实习计划，确保实习生能够在实习过程中获得最大的收益。通过这些措施，力求确保每一位实习生都能够深入理解并实践"三化"理念，为未来的体育教学工作奠定坚实的基础。

第二节　实习内容的多元化与"三化"任务深度实施

一、小学体育实习：兴趣化引领，师德师风与体育教学并进

（一）"兴趣化"策略创新：实习生探索多元体育教学新路径

实习生在小学体育课堂中，不仅运用传统的体育教学手段，而且积极探索并运用游戏化、情境化等"兴趣化"教学策略。他们设计了一系列富

有创意和趣味性的体育活动，如通过角色扮演、故事讲解等方式，将体育知识与实际生活情境相结合，旨在深度激发学生体育学习的兴趣和活力，营造生动活泼的课堂氛围。

（二）师德师风浸润：实习生在体育教学中塑造良好的教师形象

在实习过程中，学校特别强调师德师风的重要性。实习生通过参与师德师风培训、观摩优秀教师的课堂表现，逐步培养起良好的教师形象和专业素养。实习生注重言传身教、以身作则，为学生树立积极的榜样，传递正能量，努力成为学生成长道路上的引路人。

（三）体育与育人并重：实习生在体育教学中践行班级育人理念

实习生在小学阶段还注重班级育人工作。实习生通过体育教学培养学生的团队精神和集体荣誉感，如组织小组合作竞赛、班级运动会等活动，让学生在参与过程中学会合作、学会分享。同时，实习生还关注学生的个体差异，因材施教，以提升学生的综合素质。

二、初中体育实习：多样化活动设计，全面提升学生体育素养

（一）"多样化"体育教学探索：创新项目与手段，促进学生素养提升

实习生在初中阶段积极参与体育教学的多样化探索。实习生根据学生的兴趣和需求，不仅开设了篮球、足球、乒乓球等多种运动项目，还尝试了多种体育教学手段与方法，如分组教学、情境教学、游戏化教学等。通

过组织体育文化节、运动会等大型活动，进一步丰富了学生的学习体验。这些多样化的体育项目和教学手段极大地丰富了学生的课余生活，有效地促进了学生体育素养的全面提升。

（二）班级管理与团队协作：在体育教学中强化学生综合能力

通过课外体育活动的组织和指导，实习生在初中阶段更加关注学生个体差异，他们不仅注重培养学生的体育技能，而且特别重视班级凝聚力和团队协作能力的培养。实习生精心设计分组合作、角色扮演等多样化的活动形式，让学生在参与体育活动的过程中学会沟通、学会协作，有效提升了学生的团队合作能力。同时，实习生也通过这些实践活动，不断锻炼和提升自身的班级管理育人水平。他们学会了如何更好地与学生沟通、如何有效地组织和指导班级活动，为未来的教育教学工作奠定了坚实的基础。

（三）自主发展与创新实践：探索教法手段，共推教学进步

在初中体育实习中，学校鼓励实习生积极探索新的教学方法和教学手段，提升自主发展能力。实习生通过教学实践不断反思和总结，尝试将新的教学理念和技术应用于课堂教学中，为体育教学创新贡献力量。实习生还应积极参与教学研讨活动，与前辈交流经验，共同推动体育教学的进步。

三、高中体育实习：专项化教学与研究，深化体育课程改革

（一）"专项化"体育教学实习：深耕细作，共促课程革新

高中阶段，学校已设置篮球、足球、田径等一系列专项化体育课程，

以满足学生个性化发展需求。实习生在此基础上积极投身体育教学实习任务，他们不仅参与专项化课程的实施，还针对学生的不同兴趣和特长协助制订个性化教学计划。实习过程中，实习生应深入了解高中体育课程改革的核心理念，掌握专项化教学的基本方法和技巧。这样既推动了高中体育课程的专项化发展，也为学生提供了更为丰富、多元的体育学习体验。通过实习，实习生收获了宝贵的教学经验，提升了自身专业素养和实践能力，为日后的体育教学工作奠定了坚实的基础。

（二）体育科研与课程改革并进：实习生探索新知，深化教学革新

在高中体育实习中，学校鼓励实习生结合教学实践开展体育科研活动。实习生积极参与课题研究、撰写研究报告或论文，通过深入探究体育教学中的问题和挑战提出新思路和方法。这样科研成果不仅提升了其自身的体育科研水平，还为体育课程改革提供了新思路和新方法。同时，实习生将科研成果应用于教学实践，通过实证研究验证其有效性，进一步深化了体育课程改革。

（三）全面发展：实习生在教育实习中锤炼师德，提升综合能力

高中体育实习期间，实习生不仅专注于体育教学和科研，还深入参与师德师风建设、班级育人以及自主发展等方面的任务。实习生通过观摩优秀教师的课堂，学习如何以高尚的师德师风影响学生，成为学生的良师益友。在班级育人方面，实习生积极参与班级管理，关注学生的全面发展，通过组织各类活动增强学生的班级凝聚力和团队协作能力。同时，实习生应注重自主发展，不断提升自己的专业素养和教学能力。通过全面的教育实践，实习生在师德师风、体育教学、班级育人、自主发展和体育科研等方面

都得到全面提升，为将来投身教育事业做好了充分准备。

第三节 课程改革在教育实习中的应用成效与"三化"反思

一、"三化"课程改革在教育实习中的实施成效

（一）小学体育兴趣化的实施策略与成效

1. 小学体育兴趣化的实施策略

在教育实习中，根据小学生的年龄特征，运用游戏化教学、情境模拟等多种方法，将体育课程内容与学生的兴趣点紧密结合。例如，借助卡通人物、动漫故事等元素设计出一系列颇具吸引力的体育课程，用以激发学生的学习兴趣和参与度。同时，还注重通过互动游戏、小组合作等形式，使学生在轻松愉悦的氛围中学习体育知识和技能。

2. 小学体育兴趣化的成效

小学体育兴趣化策略的实施取得了显著成效。学生在体育课堂上的参与度显著提升，对体育课程的兴趣也大为增强。学生的体能和技能水平在愉悦的氛围中得以有效提高。此外，学生在体育活动中展现出更为积极、主动的态度，这对培养其终身体育意识意义重大。

（二）初中体育多样化的实施策略与成效

1. 初中体育多样化的实施策略

针对初中生身心发展的特点，在教育实习中注重体育课程的多样化设

计。引入篮球、足球、排球等多种体育项目，以满足学生不同的体育需求和兴趣。同时，组织体育社团，开展丰富多彩的体育竞赛活动，为学生提供更多的参与和展示自己的机会。

2. 初中体育多样化的成效

初中体育多样化策略的实施同样取得了显著成效。学生在多样化的体育课程中找到了自己的兴趣点，体育技能得到发展。通过参与体育社团和竞赛活动，学生的团队协作能力、竞争意识以及体育精神也得到显著提升。这不仅增强了学生的身体素质，还培养了他们的团队精神和竞争意识。

（三）高中体育专项化的实施策略与成效

1. 高中体育专项化的实施策略

在教育实习过程中，针对高中生的体育特长和兴趣方向，推行高中体育专项化教学。设立篮球、排球、足球、田径、武术、健美操等专项课程，为学生提供专业的体育训练和指导。同时，注重培养学生的自主学习和探究能力，鼓励他们在专项课程中发挥自己的潜力和创造力。

2. 高中体育专项化的成效

高中体育专项化策略的实施取得了显著成效。学生在专项体育课程中得到了更为系统、专业的训练，体育技能水平显著提高。通过专项化教学，学生也更加明确了自己的体育发展方向和目标。这不仅为学生的终身体育发展奠定了坚实的基础，也为他们未来的职业发展提供了更多的可能性。

（四）"三化"课程改革的综合成效与反思

1. "三化"课程改革的综合成效

"三化"课程改革在教育实习中的实施取得了显著的综合成效。学生的体育兴趣得到有效激发，体育技能得以全面发展，体能水平也有所提升。同时，实习生在教学方法和课程设计方面也进行了有益的创新和尝试，为未来的体育教学提供了更多有益的参考和借鉴。

2."三化"课程改革的反思

在实施"三化"课程改革的过程中，也遇到了一些挑战和问题。例如，课程资源的分配、教师专业能力的提升等都需要我们进一步关注和解决。未来，有必要进一步完善课程改革方案，加强教师培训和支持，从而更好地推动"三化"课程改革在教育实习中的应用和发展。同时，还需要注重课程评价的多元化和科学性，以便更为精准地评估课程改革的成效和学生的学习效果。

二、教育实习中"三化"课程改革的实践经验与反思

（一）"兴趣化"教学策略的实践与效果：优化教学方法，激发小学生体育兴趣

1.兴趣化教学策略在小学体育中的应用与成效

在教育实习中，针对小学生的年龄特点和认知规律，主要采用兴趣化教学策略，将体育课程内容与游戏元素相结合。例如，通过设计"跳绳接力""障碍跑"等游戏，使学生在愉悦的氛围中学习体育技能，提高体能水平。实践表明，游戏化教学策略有效地激发了小学生的体育兴趣，他们在课堂上的参与度显著提高，对体育课程的态度也更为积极。

2.情境模拟教学法在小学体育课堂中的实施与反思

为进一步增强小学生的体育兴趣，结合小学生体育学习兴趣和特点，在教育实习中尽量设计情境模拟教学法。例如，根据体育课程内容，创设"动物王国运动会""探险寻宝"等情境，让学生在模拟情境中扮演不同

角色，完成体育任务。这种教学方法使小学生更投入地参与体育活动，他们的体育技能和团队协作能力得到显著提升。然而，在实施过程中也需要注意一些问题，如，如何平衡情境设计的复杂度和学生的接受度，如何确保在情境教学中让学生能掌握一定的运动技能等。

3. 个性化教学方案在小学体育兴趣化中的探索与实践

考虑到小学生的个体差异和兴趣多样性，在教育实习中需要探索个性化教学方案。实习生要通过观察学生的课堂表现和与他们的交流，了解学生的体育兴趣和特长，进而为他们制订个性化的教学计划。例如，对于喜欢足球的学生，设计更多的足球技能训练；对于喜欢舞蹈的学生，在课堂教学中融入更多的韵律体操元素。个性化教学方案能够有效地激发小学生的体育兴趣，使他们在自己感兴趣的领获域得更多的发展机会。

4. 家校合作促进小学体育兴趣化教学的策略与效果

小学阶段家校合作对促进学生体育兴趣与运动行为的养成具有至关重要的意义。在教育实习中，实习生应注重通过家校合作来推动小学体育兴趣化教学。例如，通过家长会、家校联系册等方式，与家长沟通学生的体育兴趣和课堂表现，共同制订家校合作计划。还可以通过组织"亲子运动会""家庭体育挑战"等活动，让家长和学生共同参与体育活动，一起体验体育的乐趣。家校合作策略有效地延伸了体育教学的时空范围，使学生在家庭环境中也能保持对体育的兴趣和热情，同时也增强了家长对学生体育教育的关注和支持。

（二）"多样化"课程内容的开发与实施：丰富初中体育课程，满足学生多元化需求

1. 多样化体育课程内容的开发与实践

针对初中生的身心发展特点和多样化需求，在教育实习中应注重开发

多样化的体育课程内容。除传统的田径、篮球、足球等项目外，实习生还应结合自身的专项，开发羽毛球、乒乓球、健美操等多样化的体育项目，以满足学生不同的体育兴趣和需求。同时，结合体育中考的要求，注重在课程中融入中考体育项目的训练，使学生在学习多样化体育课程的同时，也能提升中考体育项目的成绩。实践表明，多样化的体育课程内容的开发有效地激发了初中生的体育兴趣，他们在课堂上的参与度明显提高，对体育课程的满意度也有所提升。

2. 分层教学法在初中体育多样化课程中的应用与反思

考虑到初中生在体育技能和体能水平上存在差异，在教育实习中应注重采用分层教学法。根据学生的体育成绩和课堂表现，将他们分为不同的层次，然后针对各个层次的学生制订不同的教学计划和目标。例如，对于体育成绩较好的学生，注重提升他们的技能和战术水平；对于体育成绩一般的学生，注重巩固他们的基础技能和体能水平；对于体育成绩较差的学生，则注重培养他们的体育兴趣和参与度。分层教学法在初中体育多样化课程中的应用能够有效地满足学生的多元化需求，使他们在适合自己的层次获得更好的发展。

3. 体育社团与竞赛活动在初中体育多样化中的推动作用

为进一步丰富初中生的体育生活，在教育实习中应积极组织体育社团和竞赛活动。鼓励学生根据自己的兴趣和特长加入不同的体育社团，如篮球社团、足球社团、羽毛球社团等，并在社团活动中获得专业的指导和训练。同时，还要定期组织校内体育竞赛活动，如班级篮球赛、年级足球赛等，为学生提供展示自身体育技能的舞台。体育社团与竞赛活动在初中体育多样化中具有显著的推动作用，不仅丰富了学生的课余生活，还提升了他们的团队协作能力和竞争意识。

4. 结合体育中考，优化初中体育多样化教学的评价与反馈机制

在教育实习中，评价与反馈机制对初中体育多样化教学具有重要意义。为了更全面地了解学生的学习情况，实习生应结合体育中考的要求，优化体育教学的评价与反馈机制。注重过程性评价，关注学生的体育成绩，同时重视他们在课堂上的参与度、努力程度以及团队协作能力的表现。通过定期的体能测试、技能考核及课堂观察，能够全面了解学生的学习进展，并及时给予个性化的反馈和指导。同时，向学生说明体育中考的要求和标准，帮助他们制订个性化的备考计划，通过模拟测试、专项训练及心理辅导，逐步提升学生的中考体育项目成绩，增强他们的应试能力和自信心。实践表明，这一优化机制能够有效提升初中生的体育学习动力和参与度，使学生在明确学习目标的同时，更有动力参与多样化的体育课程和活动，这不仅有助于提升学生的体育技能和体能水平，还能培养他们的自我管理和自我评价能力，为终身体育发展奠定坚实的基础。

（三）"专项化"教学与学生体育兴趣的"个性化"分析：推动高中生体育特长发展，促进全面发展

1. 专项化教学模式的构建与实施：助力高中生掌握核心体育技能

针对高中生身心发展特点和体育学习需求，构建专项化教学模式显得尤为重要。在教育实践中，应注重引导学生选择并深入学习1~2项体育运动项目，如篮球、足球、排球、健美操、武术等，旨在使学生掌握核心技能和战术。通过专业教练的指导、定期的技能考核以及实战演练，学生能够系统地提升自己的体育水平。实践表明，专项化教学模式不仅有助于高中生掌握核心体育技能，而且激发了他们对体育的持久兴趣，为终身体育奠定了坚实基础。

2. 个性化分析与指导：满足高中生体育兴趣的多元化需求

高中生在体育兴趣、体能水平和运动技能方面存在差异，因此个性化分析与指导至关重要。在教育过程中，可以通过问卷调查、体能测试和课堂观察等方式，深入了解每名学生的体育兴趣、特长和潜能。然后，结合学生的个人特点，为他们制订个性化的训练计划和目标。例如，对于擅长篮球的学生，注重提升他们的投篮和突破能力；对于擅长足球的学生，则应着重培养他们的传球和控球技巧。个性化分析与指导有效地满足了高中生体育兴趣的多元化需求，使他们在自己擅长的领域得到了更好的发展。

3. 体育特长生与全面发展：探索专项化与多元化教学的平衡点

在进行体育专项化教学的同时，也要关注高中生的全面发展。虽然专项化教学有助于培养学生的体育特长，但全面发展同样重要。因此，在教学实践中要注重平衡专项化与多元化教学的关系。除专业的体育技能训练外，还要鼓励学生参与多样化的体育活动和社团，如健身操、瑜伽、户外运动等，以拓宽他们的体育视野和兴趣。同时，也要注重培养学生的团队协作能力、沟通能力和领导力等非体育技能，从而促进他们的全面发展。

4. 家校合作与社区资源：共同推动高中生体育专项化与个性化发展

家校合作与社区资源的利用对于推动高中生体育专项化与个性化发展具有重要意义。在教育实践中，积极与家长沟通学生的体育兴趣和特长发展情况，共同制订家校合作计划。例如，邀请家长参与学校的体育活动和竞赛，共同见证学生的成长和进步。同时，注重利用社区资源，如与当地的体育俱乐部、健身房等合作，为学生提供更多的实践机会和专业指导。家校合作与社区资源的共同利用有效地延伸了体育教学的时空范围，为高中生提供了更广阔的训练平台。

三、"三化"视角下体育教育实习的创新路径与未来展望

（一）创新路径：探索体育教育实习的新模式与新策略

1. 激活学生体育兴趣与教学实践

在创新路径的探索中，"激活学生体育兴趣与教学实践"成为教育实习关注的重点。其致力于通过创新的教学策略和实践活动来激发学生对体育的兴趣和热爱。具体而言，设计富有趣味性和挑战性的体育课程，采用游戏化教学方法，让学生在轻松愉快的氛围中体验体育的乐趣。同时，注重培养学生的自主学习和合作学习能力，通过小组活动、团队竞赛等形式，让学生在互动中感受体育的魅力。此外，积极组织学生参与体育社团活动、体育赛事等，为他们提供展示自我和挑战自我的平台，进一步激发他们的体育兴趣和参与度。

2. 多元化课程内容开发与实践

在"多元化课程内容开发与实践"这一创新路径下，针对体育教育实习，致力于开发多元化的课程内容。这不仅包括传统体育项目，还结合现代新兴体育项目，如攀岩、轮滑等，旨在满足学生多样化的体育需求。同时，实施跨学科整合策略，将体育与其他学科（如物理、生物等）紧密结合，设计综合性的教学活动。此类教学设计旨在提升学生对体育科学的理解和应用能力，使他们在实践中深化理论知识。此外，积极引入信息化教学手段，利用虚拟现实（VR）、增强现实（AR）等先进技术，为学生提供沉浸式的体育学习体验。这种创新的教学方式不仅增强了学生的学习兴趣，还进一步提升了体育教学的效果和质量。

3. 分层教学法与个性化指导策略

在体育教育实习中，要求实习生根据学生体质、技能水平的差异实施分层教学法，设计不同难度的教学计划，确保每位学生都能在适合自己的层次中得到提升。同时，推行个性化指导策略，通过数据分析、学习追踪等方式，了解每位学生的体育学习进展，为他们提供定制化的学习路径和反馈。此外，鼓励实习生开展小组合作学习，通过同伴互助、角色扮演等方法，增强学生的团队协作能力和社交技能。

4. 家校社联动机制构建

在"家校社联动机制构建"的创新路径下，致力于建立家校社三方联动机制，邀请家长和社区深入参与体育教育实习过程。通过共同监督和支持学生的体育学习，力求形成一个良好的体育教育生态。为此，特别要求实习生开展体育家庭作业项目，鼓励学生在家庭环境中坚持体育锻炼，同时邀请家长参与监督和鼓励，以此营造家校共育的良好氛围。此外，充分利用社区体育资源，如公共体育场馆、健身中心等，为学生提供更多的实践机会和专业的体育指导，进一步丰富他们的体育学习体验。

（二）未来展望：体育教育实习的可持续发展与影响力提升

1. 体育教育实习体系的完善与优化

为提升体育教育实习的质量与效果，未来应全面完善并优化实习体系。具体措施包括：制订科学且系统的实习标准和评估机制，以确保实习内容的全面性和实践的有效性；深化与中小学的合作，构建稳固的实习基地网络，为体育师范生创造更多深入一线教学的实践机会；同时，推动体育教育实习的国际化进程，通过与国际学校的交流合作，引入前沿的体育教育理念和教学方法，从而拓宽学生的国际视野，促进其综合素质的全面提升。

2. 体育教育实习与终身体育意识的培养

在体育教育实习环节中，应着重强化对学生终身体育意识的培养。通过实习经历，让学生深刻体会体育对身心健康不可或缺的价值，进而激发其内在的运动热情。鼓励实习生在实习学校积极组织体育健康宣教活动，向学生普及科学的体育知识与锻炼技巧，助力学生建立良好的体育锻炼习惯。此外，还要深化与社区、健身机构的合作，为学生提供多元化的体育锻炼平台和机会，以支持并促进他们形成终身体育的意识和行为。

3. 体育教育实习的社会影响力提升

为提升体育教育实习的社会影响力，应积极推广和实施实习项目，旨在增强社会对体育教育重要性的认识与支持，营造全社会共促体育教育发展的积极氛围。具体而言，应激励实习生投身体育支教、社区体育推广等公益活动，以实际行动展现体育教育的价值与魅力，从而扩大实习项目的社会辐射面。同时，充分利用媒体和网络平台，广泛传播体育教育实习的丰硕成果与宝贵经验，以此吸引更多的社会资源与力量关注并参与到体育教育事业之中，共同推动体育教育的繁荣发展。

第四节 教育实习与中小学体育课程改革的无缝对接与相互促进

一、实习过程中的"三化"理念渗透与实践

（一）课程理念的内化于心：从理论到实践的深刻融合

在教育实习的广阔舞台上，体育师范生不仅是课程的执行者，更是课

程理念的传播者与践行者。他们需要深刻领会"健康第一""终身体育"等核心理念的内涵，并将其视为行动的指南。通过深入课堂、观察学生、与教师交流，体育师范生能够亲眼目睹并亲身体验这些理念是如何在教学中落地生根的，从而更加坚定地将它们内化于心。在此基础上，他们能够在自己的教学实践中灵活运用这些理念，不断创新教学方法，为中小学体育课程改革贡献智慧和力量。

（二）教学方式的优化外化于行：探索与创新的实践之路

面对新时代教育改革的浪潮，体育师范生勇于担当，积极探索并实践新型教学方式。他们不再局限于传统的讲授式教学，而是大胆尝试探究式学习、合作学习等先进的教学方法，努力构建以学生为中心的教学模式。通过精心设计教学活动、引导学生主动参与、注重过程性评价等策略，体育师范生能够有效激发学生的学习兴趣和动力，促进学生主体地位的发挥和自主学习能力的培养。这种教学方式的优化外化于形，不仅提升了体育课堂的教学效果，更为中小学体育课程改革注入了新的活力和动力。

（三）课程评价的多元化实践：构建全面评价体系，引领教学方向

在体育实习过程中，体育师范生充分认识到课程评价对于教学改革的重要性。他们积极参与构建多元化的评价体系，力求实现评价内容、评价主体和评价方式的多元化。通过实施学生自评、互评及教师评价相结合的方式，体育师范生能够全面评估学生的学习成效，关注学生的个体差异和个性化发展。同时，他们还注重课程评价的导向作用，通过反馈和指导帮助学生明确学习目标、改进学习方法、提高学习效果。这种全面而科学的评价体系为中小学体育课程改革提供了有力的支持和保障。

（四）课程资源的整合与创新应用：拓展学习空间，丰富教学内容

在实习期间，体育师范生充分发挥自身的创新精神和实践能力，积极整合并创新应用各类课程资源。他们利用数字化教学工具、网络平台等现代技术手段，打破传统教学的时空限制，为学生提供更加丰富、生动的学习资源和学习体验。同时，他们还积极挖掘和利用校内外各类体育资源，如社区体育设施、体育俱乐部等，拓展学生的学习空间和实践机会。这种课程资源的整合与创新应用不仅丰富了体育教学内容和形式，还提高了教学效率和质量，为中小学体育课程改革的深入发展奠定了坚实的基础。

二、教育实习如何助力"三化"改革的深化

（一）实习作为桥梁：理论与实践的深度融合

教育实习作为连接体育师范教育与中小学体育教学的桥梁，其独特价值在于为师范生提供了将理论知识转化为实践能力的宝贵契机。通过实习，体育师范生能够深入一线教学，亲身体验课程改革的实际需求和挑战，从而更为深刻地理解"三化"改革的必要性和紧迫性。同时，他们能够将所学理论知识运用到实际教学中，不断检验并完善自身的教学理念和方法，为"三化"改革的深化提供强有力的实践支撑。

（二）实习平台的搭建：创新教学模式的试验田

教育实习平台为体育师范生提供了广阔的试验场，使他们能够勇于尝试并优化新型教学方式。在实习过程中，师范生可以结合自身专长和学生的兴趣点，设计并开展探究式学习、合作学习等多样化的教学活动。这种教学模式的创新不但激发了学生的学习热情和主动性，而且为中小学体育课程改

革提供了宝贵的经验和案例。通过实习中的反复实践和反思，师范生能够不断完善自身的教学方法，为"三化"改革的深化贡献更多创新成果。

（三）实习评价的反馈：优化课程评价体系的催化剂

在教育实习过程中，体育师范生积极参与构建并施行多元化的评价体系，为优化中小学体育课程评价体系提供了重要反馈。他们通过实施学生自评、互评及教师评价相结合的方式，全面评估学生的学习成效和个性化发展需求。这种评价方式不但提高了评价的准确性和公正性，而且为"三化"改革中的课程评价体系优化提供了有力支持。师范生可以根据实习评价的反馈结果，不断调整并完善自己的教学设计和评价方法，推动课程评价体系的持续改进和发展。

（四）实习资源的整合：丰富课程内容的资源库

教育实习期间，体育师范生充分发挥资源整合的优势，积极挖掘并利用校内外各类体育资源。他们运用数字化教学工具、网络平台等现代技术手段，为学生提供更为丰富、生动的学习资源和学习体验。同时，他们还积极与社区体育设施、体育俱乐部等开展合作，拓展学生的学习空间和实践机会。这种课程资源的整合不但丰富了中小学体育课程的内容和形式，而且为"三化"改革中的课程资源优化和创新提供了有力支持。通过实习中的实践和探索，师范生能够不断积累并优化课程资源，为中小学体育课程改革的深入发展贡献更多智慧和力量。

三、实习成果与"三化"改革成效的相互验证与反馈

（一）实习成果的量化评估：检验"三化"改革成效的试金石

教育实习结束之后，对体育师范生的实习成果予以量化评估，能够直

观地反映出"三化"改革在实际教学中的成效。这些成果包括但不限于学生满意度调查、教学设计改进方案、教学案例分享等。通过对比分析实习前后的数据变化，能够清晰地看到体育师范生在课程理念内化、教学方式优化、课程评价多元化以及课程资源整合等方面所取得的进步。这些进步不仅是对个人成长的肯定，更是对"三化"改革成效的有力验证。

（二）实践经验的总结提炼：促进"三化"改革持续优化的智慧源泉

实习过程中，体育师范生积累了诸多宝贵的实践经验。他们通过撰写实习报告、参与教学研讨会等方式，将这些经验进行总结与提炼，形成具有指导意义的教学案例和理论成果。这些成果不但为体育师范生自身的专业发展提供了有力支撑，而且为中小学体育课程改革的持续优化提供了丰富的智慧源泉。通过分享和推广这些实践经验，能够激发更多体育教育工作者的创新热情，共同推动"三化"改革的深入发展。

（三）反馈机制的建立与完善：确保"三化"改革成效的持续提升

为确保"三化"改革成效的持续提升，需要建立并完善有效的反馈机制。这一机制应包括学生反馈、教师互评、学校评估等多个层面。通过定期收集和分析这些反馈信息，能够及时发现改革过程中存在的问题和不足，并采取针对性措施予以改进。同时，还可将反馈结果作为评价体育师范生实习表现的重要依据之一，激励他们不断追求卓越、完善自我。通过这种双向互动的方式，能够确保"三化"改革始终沿着正确的方向前行，实现持续优化和共同发展的目标。

第五章　体育教育研习
与课程改革的深化

第一节　体育教育研习的概念与价值

一、体育教育研习的概念

体育教育研习，作为一种针对体育教育工作者专业发展的实践活动，其核心在于，在系统的体育理论指导下，通过深入反思体育教学实践、积极参与体育研究活动、广泛开展合作交流等多种形式，不断提升体育教育者的教育理念、教学技能和教育科研能力。这一过程不仅强调理论与实践的紧密结合，而且着重于促进体育教育者的持续成长和体育教育质量的全面提升，旨在培养出具有创新思维和实践能力的体育教育人才。

二、体育教育研习的核心特征

（一）实践性

实践性是体育教育研习的核心特征之一。体育教育研习根植于真实的体育教学情境之中，这意味着体育教育者需要在实际的教学环境中进行学习和实践。通过亲身参与体育教学活动，教育者能够更深入地理解体育教学的本质和规律，掌握有效的教学方法和技巧。同时，实践性还强调在实践中学习、在学习中实践，即通过解决实际体育教学问题来深化理解和应用能力。体育教育者需要不断面对和解决各种实际教学问题，如学生技能提升、课堂管理、运动伤害预防等，通过实践来检验和提升自己的教学能力。

（二）反思性

反思性是体育教育研习的另一个重要特征。它鼓励体育教育者对自己的体育教学实践进行深度反思，识别存在的问题，并探索改进策略以实现自我提升。反思不仅是对教学过程的回顾和总结，更是对教学理念、教学方法和教学效果的深入思考和审视。通过反思，体育教育者能够发现自己的教学盲点和不足，及时调整教学策略，提高教学效果。同时，反思还能够促进体育教育者的专业成长和发展，使其不断追求更高的教学水平和更好的教育效果。

（三）合作性

合作性是体育教育研习的又一显著特征。它倡导建立体育教育学习共同体，通过团队合作、经验分享、同行评审等方式，促进体育知识共享与智慧碰撞。在体育教育研习中，教育者不再是孤立的个体，而是成为学习共同体的一员。他们能够通过团队合作来共同解决教学问题，分享教学经验和教学资源，相互学习和借鉴。同时，同行评审也能够帮助体育教育者发现自己的不足和盲点，及时改进教学策略和方法。通过合作性学习，体育教育者可以相互启发、相互支持，共同提高教学水平和教育质量。

（四）研究性

研究性是体育教育研习的又一重要特征。它将体育教育研究融入日常体育教学中，鼓励体育教育者以研究者的身份探索体育教育现象，用科学的方法解决体育教学问题。在体育教育研习中，教育者需要掌握基本的研究方法和技能，如文献检索、数据分析、实验设计等。通过科学研究，他们能够更深入地理解体育教学现象和规律，发现新的问题和解决方案。同时，研究性还能够促进体育教育者的创新能力和实践能力的提升，使其能够更好地应对各种复杂的教学情境和问题。

三、体育教育研习的价值体现

（一）促进体育教师专业成长

体育教育研习为体育教师提供了一个持续学习的平台，使他们能够不断更新体育教育观念，掌握先进的体育教学方法和技术，进而提升整体的体育专业素养。在这个平台上，体育教师有机会接触到最新的体育教育理论和研究成果，了解国内外体育教育的发展趋势和先进经验。通过系统的学习与实践，他们能够逐渐转变传统的教学观念，形成更为科学、现代化的教育理念。同时，体育教育研习注重培养体育教师的创新能力和实践能力，使他们在面对复杂多变的教学情境时能够灵活应对，持续提升自己的教学水平。

（二）推动体育教育教学改革

通过体育教育研习，教育者能够基于实践探索创新体育教学模式，这不仅有助于促进体育课程内容的优化，而且能够推动教学方法的多样化，从而深入推动体育教育教学改革的进程。在教育研习过程中，体育教师会不断尝试新的教学方法和手段，探索更契合学生身心发展的教学模式。这些创新和实践既丰富了体育教学内容，又提高了体育教学的趣味性和实效性。同时，体育教育研习还鼓励教师关注学生的学习需求和个体差异，因材施教，以确保每个学生都能在体育教学中得到充分的发展。

（三）增强体育教育科研能力

体育教育研习强调体育教师科研能力的培养，鼓励他们积极参与体育教育研究，通过科学研究提升发现问题、分析问题和解决问题的能力。在研习过程中，体育教师将学习基本的科研方法和技能，例如，文献检索、设计实验、数据分析等。这些科研能力的培养，不但有助于体育教师在学术领域的成长，而且能为他们在实际教学中提供科学依据和支持。通过科研实践，体育教师能够更为深入地把握体育教学的规律和特点，发现教学中的问题和不足，从而提出有效的改进策略和方法。

（四）提升体育教育质量

体育教育研习的最终目标是提高体育教育质量，通过优化体育教学过程激发学生的学习兴趣和积极性，培养他们的体育素养、批判性思维和创新能力。在教育研习过程中，体育教师将不断反思自己的教学实践，探索更加有效的教学方法和手段。他们会关注学生的个体差异和学习需求，努力创造一个充满活力和创新的学习环境。同时，体育教育研习强调学生的主体性和参与性，鼓励他们在体育教学中积极思考和探索，培养自己的批判性思维和创新能力。通过这些努力，体育教育研习旨在为社会输送更高质量的体育人才。

综上所述，体育教育研习不仅是体育教育者个人专业成长的重要途径，也是推动体育教育改革与发展、提升整体体育教育质量的关键环节。

在新时代背景下，深化体育教育研习对于构建高质量体育教育体系、培养适应未来社会需求的体育人才具有不可估量的价值。因此，我们应高度重视体育教育研习的重要性，积极探索和实践有效的体育教育研习模式和方法，为体育教育事业的发展贡献更多的智慧和力量。

第二节 课程改革背景下的教育研习内容

随着课程改革的不断深入，教育研习的内容也发生了深刻的变革。在课程改革的大背景下，教育研习不再仅仅着眼于教学技能和知识的传授，而是更加注重教师教育理念、教学方法以及教育科研能力的培养和提升。尤其在体育课程领域，教育研习需要更为紧密地结合课程改革的前沿动态，通过案例分析与反思来提炼经验，同时关注体育教育技术的创新与应用，从而助力改革的推进。

一、体育课程与教学研究前沿：关注改革动态，更新教育理念

（一）紧跟改革步伐，深化体育教育研习

在上海市中小学"三化"改革的背景下，体育教育研习的首要任务是帮助体育师范生紧跟改革步伐，深化对体育课程与教学的研究。这就要求体育师范生在教育研习过程中深入学习"三化"改革的相关理论和政策，理解其核心理念和目标，并将其转化为实际的教学行为。通过参与各类体育教育研讨会、工作坊等活动，实习生能够及时了解并掌握最新的体育教育理念和教学方法，为教学实践注入新的活力。

（二）吸纳前沿理念，丰富体育教育体系

体育教育研习还应注重吸纳国内外体育教育的前沿理念，如终身体育、健康第一等，以丰富和完善教师的教育理念体系。这要求体育师范生在教育研习期间积极关注国内外体育教育发展的新动向，通过阅读专业文献、参与学术交流等方式，不断吸收新的教育思想和观念。同时，还要结合上海市中小学的实际情况，将这些前沿理念融入日常教学中，为学生的全面发展提供有力的支撑。

（三）创新教学思路，引领体育教育发展

在关注改革动态和吸纳前沿理念的基础上，体育教育研习还应激励创新教学思路，引领体育教育的发展。这要求体育师范生在教育研习过程中勇于尝试新的教学方法和手段，如探究式学习、合作学习等，并将其应用于实际教学中。同时，体育师范生还要积极反思和总结自己的教学实践，总结出适合自己的教学风格和特色。通过不断创新教学思路，能够更好地适应课程改革的新要求和新挑战，为学生的全面发展和成长提供更为优质的体育教育服务。

二、体育课程改革案例分析与反思：提炼经验，探索创新教学方法

（一）分析课改案例，提炼宝贵经验

在体育师范生教育实习和中小学"三化"改革的背景下，对体育课程改革的成功案例和失败教训进行分析显得尤为重要。通过深入学习和分析这些案例，体育师范生能够总结出宝贵的经验和启示，进而了解课程改革中的关键要素和成功因素。例如，分析如何在课程设计中融入"三化"理

念，如何有效地实施探究式学习、合作学习等创新教学方法，以及怎样解决改革进程中遇到的挑战和问题。这些经验能够为体育师范生的教育实习提供有力的指导，帮助他们更好地适应课程改革的要求。

（二）结合实习实践，探索创新教学

体育师范生在教育实习过程中，应结合自己的教学实践进行反思和总结，探索适合自己的创新教学方法和手段。尤其在中小学"三化"改革的背景下，体育师范生需要思考如何将课程化、活动化、生活化的理念融入体育教学，创新教学方式和方法。例如，可以尝试设计以主题或项目为中心的课程，让学生在实践中学习和掌握体育知识和技能；也可以利用信息技术手段，如虚拟现实（VR）、增强现实（AR）等，为学生创造更加生动、有趣的体育学习体验。通过这些创新教学实践，体育师范生能够不断提升自己的教学能力和水平。

（三）反思教学挑战，优化改革策略

在体育课程改革的进程中，体育师范生会遇到各种各样的挑战和问题。例如，如何平衡传统教学方法与创新教学方法之间的关系，如何确保所有学生都能适应新的教学方式等。因此，体育师范生需要不断反思自己的教学实践，分析其中存在的问题和不足，并提出有效的改进策略和方法。同时，他们必须关注中小学"三化"改革的最新动态和发展趋势，及时调整自己的教学策略和方法，以适应课程改革的新要求和新挑战。通过持续的反思和优化，体育师范生能够更好地推动体育课程改革的实施和发展。

（四）总结实践经验，助力三化改革

体育师范生在教育实习和课程改革实践中会积累丰富的经验。这些经验不仅对他们个人的成长和发展具有重要意义，还能为中小学"三化"改革提供有力的支持和指导。因此，体育师范生需要认真总结自己的实践经验，提炼出具有普遍性和推广价值的成果。例如，可以总结在实施探究式学习、合作学习等创新教学方法过程中的经验和教训，提出改进和优化建议；也可以分析在融入"三化"理念过程中遇到的问题和挑战，并给出有效的解决方案。通过这些总结和实践经验的分享，体育师范生能够为中小学"三化"改革贡献自己的力量。

三、体育教育技术的创新与应用：助力改革实施，提升教学技能

（一）体育教育技术创新：改革实施的重要驱动力

在提升教育科研能力的过程中，体育教育技术的创新扮演着关键角色。上海市中小学"三化"体育课程改革强调体育教学的科学化、现代化和多样化，这就要求体育师范生掌握最新的体育教育技术。例如，利用虚拟现实（VR）和增强现实（AR）技术进行体育教学设计，使学生能够在沉浸式的环境中体验和学习体育技能。这类技术的创新应用不仅丰富了教学手段，而且提升了学生的学习兴趣和参与度，从而助力课程改革的深入实施。

（二）大数据与人工智能：优化体育教学与评估

大数据和人工智能技术在体育教育中的应用，为体育师范生提供了强有力的数据分析和挖掘工具。上海市的中小学可以利用这些技术收集和分析学生在体育课程中的学习数据，如运动表现、体能测试成绩等。通过对这些数据的深入分析，体育师范生能够更准确地了解学生的学习状况，发现个体差异和存在的问题，进而制订个性化的教学计划和干预措施。这种基于数据

的精准教学不仅提高了教学效率，而且促进了学生体育素养的全面发展。

（三）教育科研方法与技能：体育师范生专业成长的基石

在体育教育研习中，学习和掌握基本的教育科研方法和技能是提升体育师范生专业素养的重要途径。体育师范生在参与上海市中小学"三化"课程改革的过程中，需要通过科研方法的应用，如行动研究、案例分析等，来探索和解决教学实践中遇到的问题。同时，他们还应关注体育教育领域的最新研究动态，将科研成果转化为实际教学策略，不断提升自身的教学水平和科研能力。这种科研与实践相结合的模式，有助于体育师范生在改革中不断成长，成为体育教育领域的未来专家。

（四）技术与实践结合：推动体育教学理论与实践的创新

体育教育技术的创新与应用，不仅在于技术手段的引进，更在于将技术与教学实践紧密结合，推动体育教学理论与实践的创新发展。在上海市中小学"三化"课程改革中，体育师范生应积极尝试将新技术融入课堂教学设计，如使用智能穿戴设备进行体能监测和训练指导。同时，他们还需要反思和总结技术应用的效果，将实践经验上升为理论认识，通过发表研究论文、分享教学案例等方式，与同行交流经验，共同推动体育教育理论与实践的创新发展。

四、关注学生学习需求，实现个性化教学：促进学生全面发展

（一）识别与分析：精准把握学生个体差异与学习需求

在上海市中小学"三化"体育课程改革的背景下，体育师范生需要深

入研究如何识别和分析学生的个体差异和学习需求。这需要对学生的身体素质、运动技能、兴趣爱好以及心理特征进行全面了解。通过精准的识别与分析，体育师范生能够设计出更契合学生实际的教学计划和方案，从而满足不同层次、不同需求学生的学习要求。这种个性化的教学设计不仅能够提升教学效果，还有助于培养学生的终身体育意识和健康习惯。

（二）差异化教学：因材施教，促进学生全面发展

差异化教学是实现个性化教学的重要方式。在体育教育研习中，体育师范生应学习如何根据学生的个体差异和学习需求进行差异化教学设计。例如，针对身体素质较差的学生，可以设计更为基础、注重体能提升的课程；而对于运动技能较强的学生，则可以提供更具挑战性、注重技能提升的训练内容。通过这种因材施教的方式，每个学生都能在适宜自己的教学环境中得以充分发展，实现全面进步。

（三）沟通与交流：建立良好师生关系，关注学生学习过程

在实现个性化教学的过程中，沟通与交流起着至关重要的作用。体育师范生需要学习如何与学生建立良好的师生关系，通过有效的沟通了解学生的真实想法和学习需求。同时，他们还应关注学生的学习过程，及时发现并解决学生在学习过程中遇到的问题。这种关注学生学习过程和情感体验的教学方式，不仅有助于提升教学效果，还能增强学生的学习积极性和自信心。

（四）创新与评价：构建个性化教学评价体系，促进学生持续发展

个性化教学的实施需要创新的评价体系予以支撑。在体育教育研习中，体育师范生应学习如何构建个性化的教学评价体系，以便全面、客观

地评价学生的学习成果和发展状况。这包括制订个性化的评价标准、采用多元化的评价方法以及注重过程性评价等。通过这种创新的教学评价体系，体育师范生能够更好地了解学生的学习进展和存在的问题，进而制订更具针对性的教学策略和方案，促进学生的持续发展。

综上所述，课程改革背景下的体育教育研习内容更为丰富和多元。它要求体育师范生关注体育课程与教学研究前沿、进行课程改革案例分析与反思、掌握体育教育技术的创新与应用并关注学生学习需求以实现个性化教学。通过对这些研习内容的实施和实践，体育师范生能够更好地适应课程改革的新要求和新挑战，为学生的全面发展和成长提供更优质的体育教育服务。

第三节 教育研习的方法与路径

一、教学日志与反思：记录改革实践，促进专业成长

（一）教学日志撰写：细化记录，捕捉改革实践点滴

体育师范生在教育研习期间，应养成撰写教学日志的习惯。教学日志并非对日常教学实践的简单记录，而应是对改革实践细节的捕捉与反思。师范生应详细记录每节课的教学流程、学生反应、教学难点及解决策略，尤其要重点记录上海市中小学体育课程"三化"改革（课程化、系统化、科学化）实践中的创新尝试以及遇到的问题，为后续分析和改进提供依据。

（二）反思报告编制：深度剖析，提炼改革实践经验

基于教学日志的积累，体育师范生应定期编制反思报告。反思报告不

只是对教学实践的回顾，更是对问题的深度剖析和经验的提炼。师范生应从教学理念、教学方法、学生反馈等多个维度深入分析，尤其要关注"三化"改革在实践中的成效与不足，并提出具体的改进建议，促进自身专业素养的持续提升。

（三）成长路径规划：明确目标，助力专业成长

结合教学日志和反思报告，体育师范生应规划出清晰的成长路径。明确自身在体育教育领域的专业发展目标，特别是在"三化"改革背景下的角色定位和发展方向。通过设定阶段性目标、制订实施计划、定期进行自我评估等方式，确保专业成长的持续性和有效性。

二、教学研究论文：提升研究能力，推动教学创新

（一）前沿问题探究：紧跟趋势，聚焦体育教学热点

应鼓励体育师范生积极参与体育教学领域前沿问题的探究。通过文献综述、实地调研等方式深入了解当前体育教学的热点问题、改革趋势和实际需求。尤其要关注上海市中小学体育课程"三化"改革中的关键问题和挑战，为论文选题提供创新点和实践价值。

（二）论文撰写指导：规范格式，提升研究成果质量

为提升体育师范生的论文撰写能力，应提供系统的撰写指导，包括论文选题、文献综述、研究方法、结果分析、讨论与结论等部分的撰写技巧和规范格式要求。尤其要强调论文的创新性、实践价值和学术严谨性，以确保研究成果的质量和影响力。

（三）成果应用推广：转化成果，推动体育教学创新

应鼓励体育师范生将研究成果应用于实际教学，推动体育教学的创新和发展。通过教学实验、案例分析等方式验证研究成果的有效性和可行性，同时积极与中小学体育教师、体育课程专家等进行合作交流，推广和应用研究成果，共同推动体育教学的改革与创新。

三、学术交流研讨：拓宽学术视野，增进同行交流

（一）学术会议参与：了解动态，把握改革前沿趋势

体育师范生应积极参与各类体育教育相关的学术会议，通过听取专家报告、参与学术讨论等方式了解体育教育领域的最新研究成果、教学改革动态和前沿理念。尤其要关注上海市中小学体育课程"三化"改革在学术界的探讨和争议，拓宽自身的学术视野和思路。

（二）研讨活动组织：搭建平台，促进同行深入交流

应鼓励体育师范生自主组织或参与体育教学研讨活动，通过邀请专家学者、中小学体育教师等参与研讨，针对体育教学实践中的问题进行深入探讨与交流。尤其围绕"三化"改革中的难点和痛点问题寻求解决方案和策略建议，促进同行间的互助合作和共同进步。

（三）学术成果分享：展示成果，增进同行互鉴互学

体育师范生应积极分享自己的学术研究成果和教学实践经验，通过学术会议、研讨活动、期刊发表等方式展示自己的研究成果和改革实践。尤其注重与同行的互鉴互学，汲取他人的优点和经验，不断完善和提升自己

的教学和研究能力。

四、技术融合创新：掌握现代技术，助力教学改革

（一）现代技术学习：紧跟时代，掌握体育教育技术新趋势

体育师范生应紧跟时代步伐，学习并掌握现代信息技术手段在体育教学中的应用。如智能穿戴设备、虚拟现实技术、大数据分析等。通过系统学习和实践操作，了解这些技术在体育教学中的潜在价值和应用场景，从而为技术融合创新奠定基础。

（二）技术应用探索：创新实践，探索技术与体育教学新融合

应鼓励体育师范生将所学技术应用于实际教学，探索技术与体育教学创新融合的方式。如利用智能穿戴设备进行学生体能监测和训练效果评估，利用虚拟现实技术开展沉浸式体育教学等。通过实践探索和技术创新，为体育教学注入新的活力和可能性。

（三）改革支持体系构建：整合资源，为技术融合创新提供支撑

为支持体育师范生的技术融合创新实践，应构建完善的改革支持体系，包括提供必要的技术设备、软件资源和专业培训等。同时，整合校内外资源，与科技企业、研究机构等开展合作交流，为体育师范生的技术创新和实践提供有力的支持和保障。通过该体系的构建与完善，推动体育教学朝着现代化和科学化的方向发展。

第六章　体育教育实践
与课程改革的融合案例

第一节　小学体育兴趣化教学实践案例

一、趣味运动会设计与实施，激发学生兴趣

（一）创意项目设置

结合小学生的身心发展特点，设计一系列新颖有趣的运动会项目。例如，在趣味接力项目中设置不同的接力方式，如跳绳接力、拍球接力等，让学生在接力过程中体验到不同的运动乐趣；在障碍跑项目中设置各种有趣的障碍，如跨栏、绕桩、跳过小沟等，让学生在克服障碍的过程中挑战自我并提高运动技能。这些创意项目的设置，不但丰富了运动会的内容，而且让学生们在参与过程中充分感受到体育的魅力和乐趣。

（二）团队协作培养

通过运动会项目，着重强化学生的团队合作意识。在趣味接力项目

中，要求学生必须相互配合才能顺利完成接力；在障碍跑项目中，鼓励学生相互帮助以共同克服障碍。此外，设置团队竞技环节，如拔河比赛、团队接力赛等，让学生在团队竞技中体会到合作的重要性，从而培养他们的团队精神和竞技意识。通过这些团队协作活动，学生们不仅增强了团队合作意识，还提高了竞技水平。

（三）氛围营造

为促使学生更积极地参与运动会，需要特别重视氛围的营造。在运动会现场，播放欢快的音乐，设置彩色的道具和背景，使整个现场充满活力和欢乐。同时，设置互动环节，如观众投票、啦啦队表演等，让观众也参与到运动会中来，共同营造出轻松愉快的氛围。在轻松愉快的氛围下，学生们更加放松、自信，也更愿意参与到运动当中。

（四）反馈与调整

运动会结束后，及时收集学生的反馈意见，对运动会项目予以评估和总结。根据学生的参与度和反馈意见，对部分项目进行调整和优化，如增加一些更有趣的障碍、调整接力方式等。同时，根据学生的身体状况和运动能力，对运动会项目进行适当调整，以确保每名学生都能参与到适合自己的项目中。通过这些反馈和调整，不断优化运动会项目，提高项目的趣味性和学生的参与度，让学生更加热爱体育并更积极地参与到运动中。

二、体育游戏在体育课中的应用，寓教于乐

（一）游戏选择与设计：匠心独运，寓教于趣

在体育游戏的选择与设计环节，始终围绕课程内容精心挑选或创新设

计兼具教育性和趣味性的体育游戏。这类游戏既要符合小学生的身心发展特点，又能够在轻松愉悦的氛围中传授体育知识、培养运动技能。例如，在教授篮球基本技能时，可设计"篮球小将"游戏，通过模拟篮球比赛场景，让学生在游戏中学习投篮、传球等技巧，同时培养他们的团队协作和竞技精神。

（二）规则讲解与示范：明晰规则，示范引领

在游戏开始前，要重视对学生进行详细的规则讲解并予以示范，确保每个学生都能充分理解游戏的要求和玩法。通过清晰的讲解和生动的示范，帮助学生快速掌握游戏规则，为游戏的顺利开展奠定坚实基础。同时，鼓励学生提问和讨论，以加深他们对游戏规则的理解。

（三）实施与引导：积极参与，培养团队精神

在游戏过程中，积极引导学生参与其中，鼓励他们充分发挥自己的特长和潜能。注重培养学生的规则意识和团队精神，让他们在游戏中学会遵守规则、尊重他人、团结协作。通过游戏的实施与引导，学生不仅提高了体育技能，而且养成了良好的品德和习惯。

（四）总结与反思：提炼精华，持续改进

游戏结束后，及时进行总结与反思工作，提炼游戏中的体育技能和团队精神培养要点。鼓励学生分享自己的游戏体验和感受，以便更好地把握他们的需求和期望。同时，针对游戏过程中出现的问题和不足之处进行反思和讨论，以便在日后的教学中进行改进和优化。通过这些总结与反思的活动，持续提升体育游戏的教学效果和质量，让学生在游戏中收获更多的快乐和成长。

三、情境教学：营造生动场景，提升学生参与度

（一）场景设计与布置：匠心营造，引人入胜

在情境教学的实施过程中，首要关注的是场景的设计与布置。根据课程内容精心设计生动有趣的教学场景，并精心布置相关道具和背景，营造出身临其境之感。例如，在教授足球技能时，可以设计"足球小镇"这一场景，布置足球门、足球、训练器材等道具，以及足球场的草地、看台等相关背景。这样的场景设计不但吸引了学生的注意力，而且能激发他们的好奇心和探索欲，为后续教学奠定良好的基础。

（二）角色扮演与互动：身临其境，互动体验

在场景布置完成后，引导学生扮演不同角色，在场景中进行互动。通过角色扮演，学生能够更为深入地理解课程内容，并在互动中提高参与度。在"足球小镇"场景中，可以让学生扮演足球运动员、教练、观众等角色，使他们在模拟比赛中体验足球的魅力，学习相关技能和规则。这种角色扮演和互动不但让学生们在轻松愉悦的氛围中学习体育知识，而且培养了他们的团队协作和沟通能力。

（三）情境引导与探索：引导探索，激发潜能

情境教学中，注重通过情境引导激发学生的好奇心和探索欲。设计一系列引导性问题或任务，让学生在情境中探索和学习。例如，在"足球小镇"的场景中，可以设置诸如"如何射门更准确？""如何更好地与队友配合？"等任务，引导学生们通过实践和探索解决问题，学习相关体育技能。这样的情境引导与探索不但让学生在学习时保持高度的积极性和参与度，而且能激发他们的创新思维和解决问题的能力。

（四）情境评价与反馈：及时评价，鼓励进步

在情境教学的最后阶段，注重对学生的表现进行评价和反馈。观察学生在情境中的表现，对他们的参与度、技能掌握情况、团队协作等方面进行评价，并给予具体的反馈和建议。例如，在"足球小镇"场景中，可以对学生的射门技巧、传球配合等方面进行评价，指出其优点和不足，并给出改进的建议。同时，鼓励学生分享自己的体验和感受，以便更好地了解他们的需求和期望。通过这样的情境评价与反馈，学生不但能够了解自己的表现和不足，而且能够得到具体的指导和鼓励，为后续的体育学习奠定坚实的基础。

四、个性化教学计划：因材施教，满足学生多样化需求

（一）学生需求调查：深入了解，全面把握

在制订个性化教学计划之前，首要任务是通过观察和交流深入了解每名学生的兴趣、特长以及身体状况。注重与学生的互动，采用课堂观察、课后交流以及问卷调查等方式收集学生的相关信息。例如，关注学生在体育课上的表现，了解他们喜爱的体育活动、擅长的运动技能，以及他们的身体状况和体能水平。通过这些调查，能够更为全面地把握学生的需求和特点，为后续个性化教学计划的制订提供有力依据。

（二）个性化内容定制：量身定制，因材施教

在了解学生需求的基础上，为他们量身定制适合的教学内容和活动。根据学生的兴趣、特长和身体状况制订具有针对性的教学方案。例如，对于喜爱篮球的学生，可以安排更多的篮球技能和战术训练；对于体能较弱

的学生，则设计一些适合他们的低强度有氧运动。通过这种个性化内容定制，能够更好地满足学生的多样化需求，激发他们的学习兴趣和积极性。

（三）灵活调整与实施：关注反馈，动态调整

在教学过程中，注重根据学生的反馈和表现灵活调整教学计划。时刻关注学生的学习进展和身体状况，及时与他们沟通，了解他们在学习过程中的困难和需求。例如，倘若发现某名学生在某个运动技能上进步缓慢，可以调整教学方法，增加更多练习机会和反馈指导。通过这种灵活调整与实施，能够确保个性化教学计划的针对性和有效性。

（四）效果评估与反馈：全面评估，鼓励进步

在个性化教学计划的实施过程中，注重对其效果进行全面评估，并给予学生及时的反馈。通过观察、测试和问卷调查等方式评估学生在体能、技能、兴趣等方面的变化。同时，鼓励学生分享自己的学习体验和感受，以便更好地了解他们的需求和期望。评估结束后，向学生提供详细的反馈报告，指出他们的进步与不足，并给予具体的改进建议。通过这样的效果评估与反馈，学生不仅能够了解自己的学习成果，还能得到具体的指导，为后续的体育学习奠定坚实的基础。

第二节　初中体育多样化教学实践案例

一、多元化体育课程设计与实施，拓宽学生视野

（一）课程内容创新

针对初中生的身心发展特点，设计多元化的体育课程，其内容不仅

涵盖基础体能训练、球类运动、田径项目，还融入民族传统体育以及新兴体育项目等，从而全面拓宽学生的体育视野。例如，引入瑜伽课程，由专业的瑜伽教练进行指导，可增强学生的柔韧性和平衡感，同时培养他们静心、专注的能力；开设羽毛球选修课，配备专业的教练和装备，以满足学生对小球类运动的兴趣，锻炼他们的反应速度和协调能力；引入定向越野活动，利用校园或周边的自然环境，设计寻宝、探险等任务，以培养学生的户外生存技能和团队协作能力。通过这些创新的课程内容，不但丰富了体育教学，而且激发了学生的学习兴趣和探索精神。

（二）跨学科融合教学

在体育课程中融入其他学科知识，实现跨学科融合教学，进而提升学生的综合素养。例如，在篮球课程中引入物理学原理，通过投篮实验和抛物线原理的讲解，让学生理解投篮角度与力度之间的关系；在田径课程中结合生物学知识，分析不同运动对人体肌肉和骨骼的影响，引导学生了解运动与身体健康的密切关系。这种跨学科的教学方式不但丰富了体育课程内容，而且促进了学生对相关学科知识的理解和应用，培养了他们的综合素养。

（三）体育文化体验

组织学生参与体育文化体验活动，如观看体育比赛、参观体育博物馆、邀请体育明星举办讲座等，以增强学生的体育文化素养。通过观看比赛，让学生近距离感受体育的魅力和竞技精神；参观体育博物馆，让学生了解体育的历史和文化，感受体育的深厚底蕴；邀请体育明星举办讲座，分享他们的训练经验和比赛心得，激发学生的体育梦想和爱国情怀。

（四）反馈与优化

建立定期的学生反馈机制，通过问卷调查、小组讨论等方式收集学生对多元化体育课程的反馈意见。对课程内容、教学方法和教学效果进行全面评估，根据学生的需求和期望，不断优化体育课程设计和实施策略。例如，根据反馈调整课程难度、增加趣味性项目、引入更多互动环节等，以确保体育课程能够满足学生的多样化需求，促进学生的全面发展。

二、分层教学法在体育教学中的应用，关注个体差异

（一）学生分层

根据学生的体能水平、运动技能和兴趣爱好等因素，将学生划分为不同层次。针对各个层次的学生，制订不同的教学目标和教学内容，以确保每个学生都能在适合自己的层次中获得有效的提升。例如，对于体能和技能较为优异的学生，可以制订更高层次的训练目标，为其提供更多挑战和竞争的机会；而对于体能和技能相对薄弱的学生，则着重于基础技能的训练和体能的提升，并给予更多的鼓励和帮助。

（二）分层教学实施

在教学过程中，注重因材施教，针对不同层次的学生采用不同的教学方法和手段。对于高层次的学生，可以提供更具挑战性的训练内容，如增加训练强度、引入新的运动技能等；对于低层次的学生，则侧重于基础技能的训练和体能的提升，采用分步教学、示范模仿等方法。同时，鼓励不同层次的学生彼此互助合作、共同提高，营造良好的学习氛围。

（三）动态调整与激励

定期对学生的体能和技能进行测试和评估，根据学生的进步情况动态调整其所属层次。对于进步显著的学生，给予及时的肯定和奖励，如颁发

证书、提供展示机会等；对于进步较为缓慢的学生，则给予更多的关注和指导，帮助他们找到适合自己的学习方法，激发他们的学习积极性。通过这种动态调整和激励机制，激发学生的学习积极性和进取心。

（四）效果评估与总结

在分层教学法的实施过程中，注重对其效果进行全面评估。通过观察、测试和问卷调查等方式，评估不同层次学生在体能、技能、兴趣等方面的变化情况。同时，还要总结分层教学法的优点和不足，如分层教学是否有效地提高了学生的学习积极性，是否有助于缩小不同层次学生之间的差距等。通过这种效果评估与总结活动，不断提升分层教学法的教学效果。

三、信息技术融合体育教学，创新教学模式

（一）数字化教学资源开发

运用信息技术开发数字化体育教学资源，如制作精美的教学视频、生动的动画演示和虚拟仿真系统等。这些资源能够为学生提供更为直观、生动的学习体验，帮助他们更好地理解和掌握体育知识和技能。例如，通过虚拟仿真系统模拟真实的比赛场景，让学生在虚拟环境中进行训练和比赛，提高他们的实战能力和应对能力。

（二）智能化教学辅助工具应用

引入智能化教学辅助工具，如智能穿戴设备、运动监测软件等，以实时监测学生的运动数据和体能状况。通过这些工具，教师能够更为精准地了解学生的运动情况，从而为他们提供更具个性化的指导和反馈。例如，

智能穿戴设备可以实时监测学生的心率、步数等运动数据，帮助教师了解学生的运动强度和疲劳程度；运动监测软件能够对学生的运动轨迹、速度等进行分析和评估，为教师提供更为精准的教学反馈。

（三）线上线下混合式教学

结合线上和线下教学的优势，开展混合式体育教学。线上部分可以通过网络平台传授理论知识并进行互动答疑，如利用在线课程、视频讲座等方式讲解和示范理论知识；线下部分则侧重于实践技能的训练和团队协作能力的培养，如通过实地训练、比赛等方式开展实践技能的训练和团队协作的锻炼。通过这种混合式教学模式，能够更为灵活地安排教学时间和地点，提升体育教学的效率和效果。

（四）教学效果与反思

在信息技术融合体育教学的实践过程中，注重对教学效果进行反思和总结。通过收集学生的反馈意见和评估数据，分析信息技术在体育教学中的应用效果及其存在的问题。例如，可以调查学生对数字化教学资源的满意度、对智能化教学辅助工具的接受度等，从而了解信息技术在体育教学中的应用状况。同时，还要关注学生对这种新型教学模式的接受度和满意度，以便在未来的教学中加以改进和优化。通过这种反思和总结活动，不断提高信息技术在体育教学中的应用水平。

四、课外体育活动与竞赛，丰富学生体验

（一）课外体育活动组织

充分利用课余时间，组织学生参与各类课外体育活动，如体育社团、

兴趣小组、晨跑俱乐部等。通过这些活动，为学生提供更多的运动机会和社交平台，培养他们的运动习惯和团队协作精神。例如，可以组织足球社团、篮球社团等，并定期开展训练和比赛活动；还可以设立晨跑俱乐部，鼓励学生坚持每日晨跑，培养他们的毅力和自律精神。

（二）校园体育竞赛举办

定期举办校园体育竞赛活动，如运动会、球类比赛、田径赛等。鼓励学生积极参与竞赛活动，体验比赛的紧张刺激之感，培养他们的竞技意识和抗压能力。同时，通过竞赛活动还能够激发学生的集体荣誉感和团队精神。在竞赛过程中，设置不同的奖项和荣誉，用以表彰优秀选手和团队，进一步激发学生的竞争意识和进取心。

（三）校外体育交流与合作

加强与其他学校或社区的体育交流与合作，组织学生参与校外体育比赛或交流活动。通过这种交流与合作，可以让学生接触到更多的体育项目和运动文化，拓宽他们的体育视野和社交圈子。例如，可以与其他学校联合举办体育比赛或交流活动，共同分享体育教学经验和资源；也可以邀请社区体育团队来校进行表演或交流，让学生感受不同的体育氛围和文化。

（四）活动效果与反馈

对课外体育活动和竞赛的效果进行全面评估与总结。通过观察、调查和访谈等方式收集学生的反馈意见和建议，了解他们对活动的满意度以及改进意见。同时，也要注意总结活动的亮点和不足之处，以便在未来的活动中加以改进和优化。例如，可以调查学生对课外体育活动的参与度、对竞赛活动的满意度等，以了解活动的实际效果和学生的需求。通过这种效果评估与反馈机制，不断完善课外体育活动和竞赛的组织和实施策略。

第三节　高中体育专项化教学实践案例

一、专项化课程体系构建，聚焦学生特长发展

（一）课程体系规划

高中体育专项化教学旨在通过构建科学合理的课程体系，聚焦学生体育特长的发展，实现学生个性化与全面化发展的有机结合。学校根据现有的师资力量、场地设施以及学生的体育爱好，设置篮球、足球、乒乓球、羽毛球、田径等多个专项课程。每个专项课程都配备详尽的教学大纲和系统的训练计划，确保学生在自己感兴趣的领域能够获得系统、专业的指导和充分的实践机会。这样的课程体系不仅有助于提升学生的专项技能，还能培养他们的体育兴趣和终身体育意识。

（二）师资力量配备

为确保专项化教学的有效实施，学校高度重视师资力量的配备。学校组建一支拥有丰富教学经验和专业背景的专项教师队伍，他们不仅具备扎实的专业技能，还深入洞悉青少年身心发展规律，能够针对不同学生的特点予以个性化指导。同时，学校还积极开展对外合作，定期邀请专业运动员或教练员到校举办讲座并进行示范教学，进一步充实教学内容，提升教学质量。

（三）教学设施完善

体育设施对体育教学至关重要，因而需要投入大量资金用于体育设施的完善工作。要确保每个专项课程都具备配套的训练场地和先进的器材设

备。例如，为篮球专项课程配备标准篮球场和一系列先进的训练设备；为足球专项课程建设人工草皮足球场和专业的战术分析室；为乒乓球和羽毛球专项课程提供配套的球台和羽毛球场地等。这些完善的设施为学生提供了优良的训练条件，能够极大地促进学生专项技能的提升。

二、探究性学习模式引入，激发学生主动探索

（一）问题情境导入

在高中体育专项化教学中，教师应积极引入探究性学习模式，通过精心设计的问题情境导入激发学生的学习兴趣和求知欲。例如，在乒乓球专项课程中，教师可以设置一个具有挑战性的问题情境："如何在比赛中有效地运用旋转变化来攻击对手？"随后引导学生结合所学知识展开思考和讨论，以激发他们的主动探索精神。这种问题情境导入能够让学生在解决问题的过程中不断思考和探索，进而提升他们的学习能力和实践能力。

（二）实践操作与反思

在问题情境的引导下，学生分组进行实践操作和练习。教师在旁巡视指导，及时纠正学生的动作并给予反馈。学生通过实践操作加深对技术动作的理解和掌握，并在实践中发现问题、解决问题。这样的实践操作不仅能够提升学生的技能水平，还能培养他们的实践能力和解决问题的能力。实践结束后，教师组织学生进行反思和总结，分享各自的学习心得和体会。通过反思和总结，学生能够更清楚地认识自己的学习状况，进一步提升学习效果。

（三）评价与激励

为激发学生的学习积极性和自信心，学校需要构建完善的评价激励

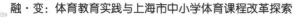

机制。教师根据学生的表现给予及时、具体的评价和鼓励，使学生感受到自己的进步和成就。同时，学校还应定期举办专项技能比赛和展示活动，为学生提供展示自我、挑战自我的平台。这些评价和激励措施能够有效地激发学生的学习动力和潜能，促使他们在体育专项化学习中更为积极、主动。

三、课内外联动教学，促进学生全面发展

（一）课内强化训练

在课堂教学中，教师应注重技术动作的规范性和准确性，通过反复练习和强化训练提升学生的专项技能水平。同时，教师也要重视战术意识的培养，通过模拟比赛和实战演练提高学生的应变能力和团队协作能力。课内强化训练不但能够提升学生的技能水平，而且有助于培养他们的战术意识和团队协作能力，为其全面发展奠定坚实的基础。

（二）课外拓展活动

除课内训练外，学校积极组织课外拓展活动，如校际交流赛、社区体育服务等。这些活动不仅为学生提供更多的实践机会和展示平台，而且促进了学生之间的交流与合作。通过参与这些活动，学生既能提升自己的专项技能水平，又能增强社会责任感和公民意识。课外拓展活动是学校体育教学的重要组成部分，能够为学生提供更为丰富的体育实践机会。

（三）家校合作共育

学校积极与家长沟通、合作，共同关注学生体育特长的发展。家长通过参与学校组织的家长会、观摩课等活动，了解孩子的训练情况和学习进

展；学校则通过定期向家长反馈学生的学习表现和成长变化，从而形成家校共育的良好氛围。这种家校合作共育的模式能够有效地促进学生的全面发展，使他们在学校和家庭的支持下更好地发挥自身潜力。

四、效果评估与反思，持续优化教学策略

（一）效果评估

学校定期对专项化教学的效果进行评估和总结。通过问卷调查、技能测试、比赛成绩等多种方式搜集数据和信息，全面评估学生在专项技能、身体素质、心理素质等方面的变化和发展状况。同时，学校还关注学生对专项化教学的满意度和改进意见，以便及时调整和优化教学策略。效果评估是学校体育教学的重要环节，它能够帮助学校及时了解教学情况，为教学策略的调整和优化提供有力依据。

（二）反思与改进

在效果评估的基础上，学校组织教师进行反思和总结活动。教师针对教学中存在的问题和不足深入剖析、讨论，提出具体的改进措施和建议。例如，针对部分学生在技术动作上存在的共性问题加强集中指导和训练；针对部分学生在比赛中表现出的心理素质问题加强心理辅导和训练等。通过这些反思和改进活动，学校能够不断提升专项化教学的质量和效果，为学生的全面发展提供更加有力的支持。同时，学校还鼓励教师不断创新教学方法和手段，以适应学生不断变化的学习需求和发展特点。

第四节 案例分析与启示，总结改革经验

一、兴趣引导：体育教育的基础动力

小学体育兴趣化教学实践表明，将学生兴趣作为体育教育的出发点，是提高学生参与度和学习效果的关键所在。通过游戏化、情境化的教学方式，学生在享受乐趣的同时，逐步培养起体育意识和基本运动技能。这种以兴趣为导向的教学模式，不但激发了学生对体育活动的热爱，而且为他们日后的体育学习奠定了坚实的基础。这启示我们，无论处于哪一学段，激发学生的体育兴趣都是提升体育教育质量的核心要素。为了实现这一目标，体育教师应注重了解学生的兴趣爱好，设计充满趣味性的教学内容和活动，使学生在轻松愉悦的氛围中学习体育知识、掌握运动技能。

二、多样化发展：满足学生个性化需求

初中体育多样化教学实践展示了如何通过提供丰富多样的课程内容，来满足学生不同的体育需求。这种多样化的教学模式，既拓宽了学生的体育视野，又促进了他们的全面发展。在初中阶段，学生的兴趣爱好开始呈现多样化特征，因此，体育教育应注重学生的个性化发展，为每名学生提供适合自己的体育学习路径。为了实现这一目标，学校可以开设多种体育课程，如篮球、足球、乒乓球、羽毛球等，让学生根据自己的兴趣和特长选择适合的课程。同时，体育教师也可以根据学生的实际情况，制订个性化的教学计划，以满足不同学生的需求。

三、专项化深耕：培养体育特长与竞技能力

高中体育专项化教学实践着重强调在学生已有的体育兴趣基础上，开展更深层次的专项技能培养。通过专业化的训练和竞赛，学生的竞技水平和体育素养得到显著提升。在高中阶段，学生的体育兴趣和特长已逐渐明晰。因此，体育教育应注重专项化的深入发展，为学生的特长发展和竞技能力提升提供有力支撑。为实现这一目标，学校可以组建专业的体育训练队伍和教练团队，为学生提供专业的训练和指导。同时，还可以积极组织学生参加各类体育赛事和活动，让他们在实践中锻炼自身的竞技能力和团队协作能力。

四、课程改革经验：系统性与创新性并重

首先，体育教育应是一个系统性的过程，从小学到高中，每个学段都应有明确的教学目标和相应的教学策略。如此，方能确保学生在不同的学段都能够接受到针对性的体育教育，实现体育素养的全面提升。其次，体育教育必须不断创新，以适应学生不同阶段的体育需求。随着社会的发展和学生需求的变化，体育教育也应与时俱进，不断创新教学内容和方法，以满足学生的多样化需求。最后，体育教育应注重学生的全面发展，既要培养他们的运动技能，也要关注他们的身心健康和社交能力。只有这样，才能真正实现体育教育的目标，培养出身心健康、全面发展的优秀人才。

五、未来展望：构建更加完善的体育教育体系

首先，应进一步加强体育教育的兴趣化、多样化和专项化发展，构建

更为完善的体育教育课程体系。这能够为学生提供更为丰富多彩的体育学习内容，满足他们的多样化需求。其次，应加大对体育教育资源的投入，提升体育教师的专业素养和教学能力。这样可以为体育教育的发展提供有力的保障和支持。最后，应建立更为科学的体育教育评价体系，以全面评估学生的体育学习成果和身心发展状况。这样能够更为精准地了解学生的学习情况和发展需求，为他们的未来发展提供针对性的指导和帮助。通过这些措施的实施，我们坚信体育教育将在培养学生综合素质、促进学生全面发展方面发挥更为重要的作用。

第七章　面向未来的体育教育专业发展

第一节　体育教育专业人才培养的新要求

随着社会的快速发展和教育改革的深入推进，体育教育专业人才培养面临着新的挑战与机遇。为了更好地适应未来体育教育的发展需求，体育教育专业人才培养必须与时俱进，满足以下新要求。

一、对接国家战略，培养具有国际视野的体育教育人才

在新时代背景下，体育教育不再局限于国内，而是需要与国际接轨。因此，体育教育专业人才培养应注重培养体育专业学生的国际视野，使他们能够了解并借鉴国际先进的体育教育理念和方法，进而推动中国体育教育走向世界舞台。具体来说，包含以下四个方面。

（一）引入国际体育课程标准与教学方法

为了培养体育专业学生的国际视野，体育教育专业需要积极引入国

际体育课程标准和先进的教学方法。这意味着课程设置不仅要涵盖国内体育教育的内容，还要融合国际体育教育的先进理念和实践。通过比较国内外体育教育体系的异同，体育专业学生能够更全面地理解体育教育的多样性和复杂性。同时，借鉴国际先进的教学方法，如探究式学习、合作学习等，可以丰富教学手段，提高教学效果。

（二）强化跨文化交流与合作能力

在国际化背景下，体育教育专业人才需要具备跨文化交流与合作的能力。这包括了解不同国家和地区的体育文化、教育理念和社会背景，以及掌握与国际体育专业人才进行有效沟通的技巧。为培养体育专业学生的这种能力，体育教育专业可以开设相关课程，如国际体育文化交流、跨文化沟通等。此外，还可以组织体育专业学生参与国际体育赛事、学术交流等活动，让他们在实践中锻炼跨文化交流与合作的能力。

（三）鼓励体育专业学生参与国际体育赛事与学术交流

参与国际体育赛事和学术交流是拓宽体育专业学生国际视野、提升国际竞争力的重要途径。体育教育专业应积极鼓励体育专业学生参与这些活动，为他们提供必要的支持和指导。通过参与国际体育赛事，体育专业学生能够了解不同国家和地区的体育发展水平、竞技风格和体育文化，从而增强自己的国际视野和竞技能力。同时，通过参与国际学术交流，体育专业学生可以与国际同行分享研究成果、探讨学术问题，提高自己的学术水平和国际影响力。

（四）培养具有国际竞争力的体育教育人才

最终目标是培养具有国际竞争力的体育教育人才。这要求体育专业学生在掌握扎实的体育教育专业知识和技能的基础上，还要具备国际视野、跨文化交流与合作能力、创新思维和竞争力等。为实现这一目标，体育教育专业需要不断优化课程设置、教学方法和评估体系，确保体育专业学生能够在国际化的环境中获得全面的发展和成长。同时，还需要加强与国际体育教育机构的合作与交流，为体育专业学生提供更多的国际学习和实践机会。

二、顺应基础教育改革，构建全面发展的体育教育课程体系

基础教育改革强调学生的全面发展，体育教育作为其中的重要组成部分，也亟须进行相应的改革与创新。为了培养全面发展的体育教育人才，体育教育专业应注重构建涵盖体育理论知识、运动技能、体育文化素养等多方面的课程体系。具体来说，包含以下五个方面。

（一）增设体育理论课程，提升体育理论素养

为培养体育教育专业学生的体育理论素养，体育教育专业需在课程设置中增加体育理论课程的比重，如体育人文社会学、运动生理学、体育心理学等基础课程。通过系统学习这些课程，使学生能够掌握体育学的基本概念和原理，了解体育发展的历史和现状，形成对体育的全面认知。同时，这些理论知识的学习也将为后续的体育实践技能学习奠定坚实的理论基础，使学生在实践中能更好地理解和应用所学知识。为进一步提升学生的体育理论素养，体育教育专业还可以鼓励学生参与体育学术研究，培养学生的科研能力和创新思维。通过引导学生关注体育领域的热点问题，进行文献综述、实证研究等，学生可以深入了解体育学的前沿动态，提升自己的学术水平。

（二）注重实践技能培养，提高运动技能水平

体育教育专业应注重实践技能的培养，通过增设各类运动项目的技能课程，提高学生的运动技能水平。这既包括篮球、足球、田径、游泳等传统运动项目，也应涵盖新兴的运动项目，如攀岩、轮滑等。通过多样化的运动技能课程，学生能够掌握多项运动技能，提高自身的身体素质和运动能力。在实践技能培养过程中，体育教育专业还应注重教学方法的创新和实践。例如，可以采用分层教学、个性化教学等方法，针对不同学生的特点和需求进行针对性的指导。同时，还可以引入现代科技手段，如运动数据分析、智能训练设备等，提升学生的训练效果和技能水平。

（三）融合文化艺术与历史文化，培养体育文化素养

体育教育不仅是运动技能的培养，还应注重体育文化素养的提升。体育教育专业可以通过体育课程与文化艺术、历史文化等领域的融合，培养学生的审美情趣和人文素养。例如，可以开设体育与艺术、体育与历史等跨学科课程，让学生在了解体育的同时，也能领略到艺术与历史的魅力。为进一步提升学生的体育文化素养，体育教育专业还可以组织丰富多彩的体育文化活动。例如，可以举办体育摄影比赛、体育电影放映、体育文化讲座等活动，让学生在参与中感受体育文化的魅力，增强对体育的认同感和归属感。

（四）强化体育教育实践，提升教学实践能力

体育教育专业的学生不仅要掌握理论知识和运动技能，还需要具备教学实践能力。因此，体育教育专业应注重教学实践环节的设置，为学生提供更多教学实践机会，如组织学生开展教学实习、进行模拟课堂教学等。在教学实践过程中，体育教育专业可以邀请经验丰富的体育教师或教练予

以指导，帮助学生掌握教学技巧和方法。同时，也应鼓励学生参与体育教学研究或改革项目，让他们在实践中探索和创新教学方法和手段。通过这些教学实践活动，学生能够锻炼自己的教学技能和教学能力，为将来的体育教学工作奠定坚实的基础。

（五）创新体育教育评价体系，促进全面发展

为全面评价学生的体育教育学习成效，体育教育专业需要创新评价体系，包括构建多元化的评价指标和评价方法。例如，可以设置理论知识考核、运动技能测试、教学实践能力评估等指标，以全面反映学生的综合素质和能力。同时，应注重过程性评价和发展性评价的结合，关注学生在学习过程中的成长和进步。在创新体育教育评价体系的过程中，体育教育专业还应注重评价结果的反馈和应用。例如，可以将评价结果作为学生学业成绩、奖学金评选、毕业推荐等方面的重要依据，并且把评价结果反馈给教师和学生本人，让他们明晰自己在体育教育学习方面的优势和不足，以便进行针对性的改进和提升。通过这些措施的实施，能够有效促进学生的全面发展，培养出具备高素质和能力的体育教育人才。

三、聚焦新时代体育教师素养，提升专业素养和综合能力

新时代背景下，体育教师面临着更高的职业要求，他们不仅需要具备扎实的专业素养，还应拥有全面的综合能力。因此，体育教育专业在人才培养方面应聚焦于提升学生的专业素养和综合能力，以契合新时代对体育教师的需求。具体来说，包含以下五个方面。

（一）强化体育学科基本理论与知识，奠定专业素养基础

为提升学生的专业素养，体育教育专业应首先强化体育学科基本理论和基本知识的传授。这包括体育学原理、运动生理学、体育心理学、体育史等核心课程的学习，以确保学生掌握扎实的理论基础。在教学过程中，教师应注重理论与实践相结合，通过案例分析、实践操作等方式，使学生深入理解体育学科的应用和实践，为后续的体育教学设计和实施奠定坚实的基础。同时，应鼓励学生阅读体育学科的前沿文献，以了解最新的研究动态与成果，培养他们的学术素养和科研兴趣。

（二）培养体育教学设计与实施能力，提升教学实践能力

新时代的体育教师应具备出色的体育教学设计与实施能力。因此，体育教育专业应注重对学生这种能力的培养。通过开设体育教学设计课程，引导学生学习如何根据学生的需求和特点，结合体育学科的基本理论，设计科学合理的体育教学方案。同时，通过模拟课堂教学、教学实习等环节，让学生在实践中锻炼教学技能，提升教学实践能力。在教学过程中，教师应注重培养学生的教学反思能力，让他们学会从实践中总结经验，不断优化教学设计，提高教学效果。

（三）注重组织协调能力培养，提升体育活动策划与管理水平

体育教师不仅要具备教学能力，还要拥有出色的组织协调能力。体育教育专业可以通过组织各类体育活动、比赛和社团活动等，为学生提供锻炼组织协调能力的机会。在活动中，学生要负责策划、组织、管理等多个环节，通过实践锻炼他们的团队协作能力、时间管理能力和应急处理能力。这有助于提升学生在未来职业生涯中策划和管理体育活动的能力。同时，应鼓励学生参与社会体育活动的组织与策划，让他们在实践中积累更

多经验，提高自己的组织协调能力。

（四）加强沟通表达能力培养，提升师生互动与教学效果

沟通表达能力是体育教师必备的综合能力之一。为培养学生的这种能力，体育教育专业可开设沟通表达能力课程，教授学生有效的沟通技巧和方法。同时，通过模拟教学、教学实习等环节，让体育教育专业学生在实践中锻炼与学生的互动能力，提升教学效果。在教学过程中，教师应注重培养体育教育专业学生的倾听和理解能力，使他们学会倾听学生的心声，理解学生的需求，从而提供更具针对性的教学指导。此外，应鼓励学生参与演讲、辩论等活动，提高他们的口头表达能力和自信心。

（五）鼓励创新实践，培养科研与创新能力

新时代的体育教师需要具备创新意识和科研能力。为培养学生的这种能力，体育教育专业可以鼓励学生参与科研项目、创新实践等活动。通过开设创新实践课程、提供科研指导等方式，引导学生关注体育领域的热点问题，进行探索性研究和创新性实践。在教学过程中，教师应注重培养学生的批判性思维和创新能力，让他们学会质疑传统观念，提出新的想法和解决方案。同时，应鼓励学生参与学术会议、发表论文等，以提高他们的学术水平和科研能力。这将有助于学生在未来的职业生涯中不断创新教学方法和手段，推动体育教育的持续发展。

四、强化体育教育的育人功能，培养具有教育情怀的体育教师

体育教育并非仅仅传授运动技能，更为重要的是通过体育教育来培养学生的品德、意志和团队精神等。因此，体育教育专业在人才培养方面

应注重强化体育教育的育人功能，致力于培养具有深厚教育情怀的体育教师。具体来说，包含以下六个方面。

（一）增设体育伦理与心理学课程，奠定教育情怀基础

为培养学生的教育情怀和责任感，体育教育专业应在课程设置中增设体育伦理学、体育心理学等课程。通过对这些课程的学习，学生能够深入了解体育教育的伦理规范和道德要求，以及学生在体育活动中的心理特征和需求。这将有助于体育教育专业学生在未来的教学生涯中更好地关注学生的全面发展，注重培养学生品德和意志的培养。在教学过程中，教师应结合实际案例，引导学生剖析和探讨体育教育中的伦理问题，培养他们的道德判断力和决策能力。同时，通过体育心理学的学习，体育教育专业学生能够掌握与学生沟通和互动的技巧，从而更好地理解学生的需求和情感，进而提供更具针对性的教学指导。

（二）强化实践教学环节，注重育人与技能并重

实践教学是体育教育专业人才培养的重要组成部分。为强化体育教育的育人功能，体育教育专业应注重实践教学环节的设计和实施。通过设置模拟课堂教学、教学实习等环节，使学生在实践中锻炼教学技能，同时注重对学生教育情怀和责任感的培养。在实践教学过程中，教师应引导体育教育专业学生关注学生的全面发展，注重学生品德、意志和团队精神等的培养。例如，在模拟课堂教学中，教师可创设情境，让体育教育专业学生在教学中融入品德教育和意志培养的内容；在教学实践中，教师可以引导体育教育专业学生参与学校或社区的体育活动策划和组织，使他们在实践中锻炼组织协调能力和团队协作精神。

（三）引导学生参与社会公益活动，培养社会责任感

社会责任感是体育教师必备的品质之一。为培养体育教育专业学生的

社会责任感，体育教育专业应鼓励学生积极参与社会公益活动、志愿服务等。通过参与这些活动，学生能够深入了解社会的需求和问题，培养他们的奉献精神和公民意识。例如，教师可以组织学生参与社区体育活动的策划和实施，为社区居民提供健身指导和咨询服务；或者引导学生参与青少年体育培训项目，为青少年提供运动技能和品德教育的指导。通过这些活动，学生能够更好地了解社会的需求和问题，培养自身的社会责任感和奉献精神。

（四）注重师德师风建设，树立良好教育形象

师德师风是体育教师的核心素养之一。为了培养体育教学专业学生良好的师德师风，应注重师德师风建设，树立良好的教育形象。通过设置师德师风课程、开展师德师风教育活动等方式，引导学生树立正确的教育价值观和职业道德观。在教学过程中，教师应注重言传身教，以身作则地展现良好的师德师风。例如，教师应注重与学生的沟通和互动，关注学生的需求和情感；在教学过程中秉承公平公正原则，不偏袒任何一方；同时积极参与学校和社会公益活动，彰显自己的社会责任感和奉献精神。通过这些方式，教师能够树立良好的榜样形象，引导学生树立正确的教育价值观和职业道德观。

（五）鼓励创新教学方法，提升教育情怀实践能力

创新教学方法是提升体育教师教育情怀实践能力的重要途径。为培养学生的创新教学能力，体育教育专业应鼓励学生参与教学改革项目、创新教学方法的研究和实践。通过设置创新教学方法课程、提供教学改革指导等方式，引导学生关注体育教育领域的创新问题和实践探索。在教学过程中，教师应注重培养学生的创新意识和实践能力。例如，教师可以引导学生探索新的教学方法和手段，如运用信息技术开展体育教学、设计趣味性

强的体育活动等；同时鼓励学生参与教学改革项目的研究和实践，让他们在实践中锻炼自己的创新能力和实践能力。通过这些方式，学生能够不断提升自己的教育情怀实践能力，为未来的教学生涯奠定坚实的基础。

五、关注中小学体育课程改革，培养具有改革意识和创新能力的体育教育人才

中小学体育课程改革是提升中小学生体质健康的重要途径，也是体育教育专业人才培养的重要方向。为培养具有改革意识和创新能力的体育教育人才，体育教育专业应关注中小学体育课程改革的新动态，积极调整课程设置和教学内容，为体育教育专业学生提供更多的实践机会和创新平台。具体来说，包含以下五个方面。

（一）增设体育课程改革与创新课程，提升改革认知

为培养体育教育专业学生的改革意识和创新能力，体育教育专业应在课程设置中增设体育课程改革与创新、体育课程设计与评价等课程。通过对这些课程的学习，学生能够深入了解中小学体育课程改革的最新理念和方法，掌握体育课程设计和评价的基本技能。这有助于学生在未来的教学生涯中更好地适应体育课程改革的要求，积极参与体育课程改革实践。在教学过程中，教师应结合实际案例，引导学生分析和讨论体育课程改革的成功案例与存在的问题，培养他们的改革认知和分析能力。同时，教师还可以邀请中小学体育教师或体育课程改革专家举办讲座或开展研讨，使学生更深入地了解体育课程改革的实际需求和挑战。

（二）强化体育课程设计与实施能力，培养创新实践技能

体育课程设计与实施能力是体育教师必备的核心技能之一。为培养学

生的这种能力，体育教育专业应注重体育课程设计与实施的教学和实践。通过设置体育课程设计与实施课程、提供教学设计指导等方式，引导体育教育专业学生学习如何根据学生的需求和特点，结合体育课程改革的理念，设计科学合理的体育教学方案。在实践教学过程中，教师应注重培养学生的创新实践技能。例如，教师可创设情境，让学生在教学中融入新的教学理念和方法；或者引导学生参与体育课程改革的实践项目，使他们在实践中锻炼创新能力和实践能力。通过这些方式，学生能够不断提升自己的体育课程设计与实施能力，为未来的教学生涯奠定坚实的基础。

（三）关注中小学生体质健康，培养健康教育理念

中小学生体质健康是体育课程改革的重要目标之一。为培养学生的健康教育理念，体育教育专业应关注中小学生体质健康的现状和需求，引导学生学习如何通过体育教育促进学生的体质健康。通过设置健康教育课程、提供健康教育指导等方式，让学生深入了解健康教育的基本理念和方法。在教学过程中，教师应注重培养学生的健康教育实践能力。例如，教师可以引导学生设计针对中小学生体质健康的体育教学方案；或者组织学生参与学校或社区的健康教育活动，使他们在实践中锻炼健康教育实践能力。通过这些方式，体育教育专业学生能够更好地了解健康教育的重要性和实践方法。

（四）鼓励学生参与体育课程改革实践项目，提升改革实践能力

"实践是检验真理的唯一标准。"为培养学生的改革实践能力，体育教育专业应鼓励学生积极参与体育课程改革的实践项目。通过设置实践项目课程、提供实践指导等方式，引导学生参与体育课程改革的实践探索。在实践过程中，教师应注重培养学生的团队协作能力和解决问题的能力。例如，教师可以组织学生加入体育课程改革的研发团队，让他们在实践中

学习如何与他人合作、如何解决实际问题；或者引导学生参与体育课程改革的试点项目，使他们在实践中检验自己的改革方案和实施效果。通过这些实践项目，学生能够不断提升自己的改革实践能力。

（五）注重培养跨学科融合能力，拓宽改革创新视野

跨学科融合是当前教育改革的重要趋势之一。为培养学生的跨学科融合能力，体育教育专业应注重与其他学科的交叉融合教学和实践。通过设置跨学科融合课程、提供跨学科实践机会等方式，引导学生学习如何将体育教育与其他学科相结合，从而拓宽改革创新的视野。在教学过程中，教师应注重培养学生的跨学科思维和创新能力。例如，教师可以引导学生探索如何将体育教育与心理学、生理学、信息技术等学科相结合；或者组织学生参与跨学科的研究项目或实践活动，让他们在实践中锻炼跨学科融合能力和创新能力。通过这些方式，学生能够不断提升自己的跨学科融合能力，为未来的体育课程改革贡献更多的创新思路和实践经验。

第二节　面向未来的体育教育课程设置与改革方向

面对未来社会发展和体育教育的新挑战，体育教育专业的课程设置与改革方向显得尤为关键。为培养具有创新精神和实践能力的体育教育人才，需从以下六个方面对体育教育课程设置进行改革。

一、强化基础教育，奠定坚实专业知识基础

（一）优化基础课程结构，确保知识体系的完整性

未来的体育教育要求学生具备全面的专业知识基础。因此，有必要对

基础课程结构进行优化，确保学生掌握体育理论、运动生理学、运动训练学等核心课程知识。在优化过程中，应对现有课程加以评估，识别并填补知识空白，确保课程内容的连贯性和完整性。同时，还应鼓励学生开展跨学科学习，将体育课程与其他相关学科（如心理学、营养学等）结合，以构建更全面的知识体系，为学生后续的专业发展奠定坚实的基础。

（二）引入经典与前沿并重的教材内容

在教材选用方面，应注重经典与前沿并重。经典教材能够为学生提供扎实的理论基础，使学生深入了解体育教育的历史、理论和方法；前沿教材则能让学生了解最新的研究成果和发展趋势，如新兴的运动训练方法、体育教育技术等。通过将两者结合，可以培养出既具有扎实理论基础又具备创新意识的体育教育人才。为达成这一目标，可以定期更新教材内容，引入最新的研究成果和案例，同时鼓励学生参与教材编写和修订工作，以培养他们的学术素养和创新能力。

（三）加强实践教学环节，提升专业技能掌握程度

实践教学是体育教育专业不可或缺的一部分。为强化基础教育，需要加强实践教学环节，确保学生在掌握理论知识的同时，能够提升专业技能的掌握程度。这可以通过增加实验课程、模拟教学、教学实习等方式达成。在实验课程中，学生可以亲自操作，加深对理论知识的理解；模拟教学则可以让学生扮演教师角色，锻炼他们的教学技能和沟通能力；教学实习则能让学生走进真实课堂，亲身体验体育教学的全过程。通过这些实践教学环节，学生能够更好地将理论知识与实际应用相结合，提升自身的专业技能和实践能力。

（四）开展跨学科交流活动，拓宽学生知识视野

为使学生更好地适应未来社会发展需求，有必要开展跨学科交流活

动。通过与其他学科的交流与合作，学生能够了解不同学科间的交叉融合点，拓宽知识视野。例如，可以邀请心理学、营养学等领域的专家为学生举办讲座或开设跨学科课程，让学生知晓体育教育与这些学科之间的联系和应用。同时，鼓励学生参与跨学科的科研项目或实践活动，培养他们的跨学科思维和创新能力，这有助于他们形成更为全面的专业素养和实践能力。

（五）注重个性化发展，满足学生多元化需求

在强化基础教育的同时，也需要注重学生的个性化发展。每个学生都有自己的兴趣和特长，因此需提供多样化的选修课程和实践项目，供学生根据自身需求和兴趣进行选择和学习。例如，可以设置体育心理学、体育市场营销、体育康复等选修课程，让学生根据自身兴趣和职业规划进行选择。同时，鼓励学生参与课外体育活动、志愿服务等实践活动，培养他们的领导力和团队合作精神，这有助于满足学生多元化需求，促进他们的全面发展。

二、引入前沿科技，提升课程科技含量

（一）融合虚拟现实技术，创新教学方式

虚拟现实技术为体育教育带来了革命性变革，它打破了传统教学的时空限制，使学生能够身临其境地体验各类体育场景和情境。通过虚拟现实技术，学生可以更为深入地理解体育知识和技能，仿佛置身于真实的比赛或训练场景中。例如，利用虚拟现实技术开展篮球投篮训练，学生可以在虚拟环境中反复练习投篮动作，直至掌握正确的姿势和力度。这种教学方式不仅极大地提高了学生的学习兴趣和积极性，而且节省了教学成本和时

间，因为学生可以在虚拟环境中进行无数次练习，无须担忧场地、器材等实际问题的限制。

（二）运用大数据分析，优化教学效果

大数据分析技术在体育教育中的应用正逐渐兴起。通过对学生的学习数据、运动数据等加以分析，教师能够更为精准地了解学生的学习情况和运动表现，进而有针对性地调整教学策略和教学方法。大数据分析有助于教师发现学生在学习过程中存在的问题和困难，及时给予个性化的指导和帮助。同时，大数据分析还能够协助教师预测学生的学习进展以及可能遭遇的问题，以便及时采取措施进行干预和帮助，确保每位学生都能在适合自己的节奏下进行学习。

（三）推广智能穿戴设备，实时监测学生状态

智能穿戴设备的发展为体育教育提供了更为便捷、精准的学生状态监测方式。通过智能穿戴设备，教师能够实时监测学生的心率、血压、运动量等生理指标，以及学生的运动轨迹和动作姿势等信息。这些信息在评估学生的运动表现、制订个性化的运动计划以及预防运动损伤等方面具有重要的参考价值。例如，教师可以通过智能穿戴设备监测学生跑步过程中的心率变化，从而判定学生的运动强度是否适宜，是否需要调整运动计划。

（四）鼓励学生参与科技创新项目，培养创新意识

为培养学生的创新意识和实践能力，应积极鼓励学生参与科技创新项目。这些项目可以涉及体育器材的创新设计、运动训练方法的改进、体育教育软件的研发等方面。通过参与科技创新项目，学生能够锻炼自己的创新思维和解决问题的能力，同时也可以将所学知识应用于实际。例如，学生可以参与设计一款智能篮球，通过内置的传感器和算法实时分析投篮姿

势和力度，并提供个性化的改进建议。此类项目不仅能够提升学生的实践能力，还能激发他们的创新热情。

（五）建立科技与教育融合的师资队伍，提升教学水平

为将前沿科技更好地融入体育教育课程，需要建立一支兼具科技素养和教育能力的师资队伍。这些教师应具备相关的科技知识和应用能力，能够熟练地将科技手段应用于教学中。例如，教师应掌握虚拟现实技术的使用方法和技巧，能够设计并实施基于虚拟现实的体育教学方案。同时，他们还应具备创新意识和开放思维，能够持续探索新的教学方式和方法，以提升体育教学的水平和效果。为达成这一目标，可以组织教师开展科技培训和学习交流活动，让他们了解最新的科技发展和应用趋势，并将其应用于实际教学之中。

三、注重实践教学，强化学生实践能力培养

（一）设计模拟课堂教学，全面锻炼学生教学技能

模拟课堂教学作为一种极为有效的实践教学方式，为学生提供了近似真实的教学环境，使他们能够在此环境中全面锻炼并提升教学技能。在模拟课堂教学中，学生不仅有机会扮演教师角色，设计并实施自己的教学计划，面向虚拟或真实的学生授课，而且能够体验教学的全过程，包括课程准备、课堂管理、教学方法运用以及学生评估等关键环节。通过这种方式，学生能够更深入地理解教学的复杂性和挑战性，进而提升他们的教学能力和自信心，为未来的职业生涯做好充分准备。

（二）深入开展教学实践，积累丰富实践教学经验

教学实践是体育教育专业实践教学的重要组成部分，对培养学生的实

际教学能力有着不可替代的作用。通过教学实践，学生能够走进真实的课堂，体验体育教学的全过程，与真实的学生互动，了解他们的学习需求和特点，从而更好地掌握体育教学的规律和技巧。在教学实践期间，学生不仅可以担任助教或实习教师的角色，协助指导教师开展教学工作，而且能够在指导教师的指导下，独立承担部分教学任务，如设计教学方案、组织教学活动、评估学生学习成果等。通过深入开展教学实践，学生能够积累丰富的实践教学经验，提升实际教学能力，为未来的职业生涯奠定坚实的基础。

（三）精心组织社会实践，培养学生社会责任感与奉献精神

社会实践是体育教育专业学生接触社会、了解社会的重要途径，也是培养他们社会责任感与奉献精神的有效方式。通过精心组织社会实践，如社区体育活动、学校运动会、体育公益活动等，学生能够深入了解社会体育事业的发展状况和需求，同时也能够将自己的专业知识应用于实践，为社会做出积极贡献。在社会实践中，学生不但可以锻炼自己的组织协调能力、沟通能力和团队协作能力，而且能够更深入地了解社会的多元需求和挑战，从而培养他们的社会责任感和奉献精神，为未来的社会发展贡献力量。

（四）积极鼓励志愿服务，提升学生奉献精神与社会实践能力

志愿服务作为一种具有社会公益性质的实践活动，对培养学生的奉献精神和社会实践能力意义重大。在体育教育专业中，应积极鼓励学生参与各类志愿服务活动，如为残障人士提供体育康复服务、为社区老年人提供健身指导、参与体育赛事的志愿服务等。通过参与志愿服务活动，学生能够更深入地了解社会的多元需求和挑战，同时将自己的专业知识应用于实际，为社会做出积极贡献。此外，志愿服务有助于学生锻炼沟通能力、团

队协作能力和解决问题的能力，提升他们的社会实践能力和奉献精神。

（五）巧妙实施案例教学，增强学生问题解决能力与教学创新能力

案例教学是一种将理论知识与实践结合的教学方法，它能够帮助学生更好地理解和应用所学知识，培养他们的问题解决能力和教学创新能力。在体育教育专业中，可以巧妙选取一些典型的体育教学案例，让学生进行分析和讨论，提出自己的解决方案，并鼓励他们在实际教学中尝试和创新。通过实施案例教学，学生能够锻炼自己的问题分析和解决能力，同时更深入地理解体育教学的复杂性和多样性，为未来的教学创新奠定坚实基础。

（六）建立完善反馈与评估机制，全面提升学生实践能力与自我认知

在实践教学过程中，反馈与评估是不可或缺的环节。通过构建一套完善的反馈与评估机制，包括学生自我评价、同伴评价、教师评价以及社会评价等多元评价方式，能够确保学生全面、客观地了解自己的实践能力水平和教学效果。同时，及时的反馈和评估有助于学生发现自己在实践教学中的不足并明确需要改进之处，从而进行针对性的改进和提高。通过不断完善反馈与评估机制，可以全面提升学生的实践能力与自我认知能力，为他们的未来职业发展奠定坚实的基础。

四、增设跨学科课程，拓宽学生知识视野

（一）构建跨学科课程体系，促进知识融合与创新

为拓宽学生的知识视野，需精心构建跨学科课程体系。除传统的体育

课程外，还应增设如"体育与心理学"之类的课程，深入探究体育活动对心理健康的影响，以及如何通过体育活动提升心理素质。同时，"体育与营养学"课程也是不可或缺的，它将研究运动与饮食间的相互作用，为学生提供科学的运动营养指导。这些跨学科课程有助于学生从不同学科视角全面审视体育，促进知识的融合与创新，培养他们的综合素养。

（二）鼓励跨学科研究项目，培养综合思维能力

应积极鼓励学生参与跨学科研究项目，以培养他们的综合思维能力和创新能力。例如，"运动与认知功能的关系研究"项目探讨运动如何影响大脑的认知功能，为学生提供体育与神经科学相结合的研究平台。而"体育活动对青少年心理健康影响的研究"项目则关注体育活动对青少年心理健康的积极作用，这要求学生运用心理学和体育学知识进行深入研究。通过这些跨学科研究项目，学生将学会运用多学科知识和方法解决问题，提升综合素养和创新能力。

（三）开展跨学科实践活动，增强应用能力

除理论研究外，还应注重开展跨学科实践活动，以帮助学生将所学知识应用于实际。例如，可以组织学生参与社区体育健康促进项目，该项目将融合体育、营养和心理等多学科知识，为社区居民提供综合性健康指导。学生将在实践中学习如何制订个性化运动计划、提供科学的饮食建议以及进行心理健康辅导。此类实践活动有助于学生将所学知识转化为实际应用能力，增强他们的社会责任感和职业竞争力。

（四）引入跨学科教学团队，丰富教学资源

为更好地实施跨学科课程，可以积极引入来自不同学科背景的教学团队。这些教师将带来各自学科的专业知识和教学方法，为学生提供更为

丰富、多元的学习体验。例如，心理学教师可以为学生讲解体育活动对心理健康的影响机制，营养学教师可以教授学生如何制订科学的运动饮食计划。同时，这些跨学科教师还可以共同开发跨学科的教学资源和教材，为课程的持续发展和创新提供有力支持。

（五）建立跨学科交流平台，促进学术交流与合作

为促进跨学科间的交流与合作，可以建立一个跨学科交流平台，定期举办学术研讨会、工作坊等活动。这些活动将为学生提供一个展示自己研究成果、与不同学科专家进行交流的机会。例如，学生可以邀请心理学专家就运动与心理健康的主题举办讲座，或者与营养学专家共同探讨运动饮食的优化方案。通过这样的交流平台，学生能够拓宽自己的学术视野，激发学术热情和创新思维。

（六）注重跨学科评价体系建设，全面评估学生能力

在跨学科课程的教学中，应注重评价体系的多元化和全面性。除传统的考试成绩外，还应考虑学生的实践能力、团队协作能力、创新思维能力等。例如，可以通过组织学生进行团队项目、实践报告或口头演讲等方式评估他们的实践能力和团队协作能力。同时，还可以设置创新思维题目或开放性问题考查学生的创新思维能力。通过建立完善的跨学科评价体系，我们能够更全面、客观地评估学生的能力水平和发展潜力，为他们提供更具针对性的指导和支持。

五、关注国际趋势，引入国际化教育理念

（一）深入研究国际体育教育趋势，及时更新教育理念

应密切关注国际体育教育的最新趋势和发展动态，以便及时更新教育

理念。例如，可以研究全球体育教育政策的变革，了解各国如何调整体育教育目标、内容和方法以适应时代需求。同时，也可以关注国际体育赛事的影响，剖析这些赛事如何推动体育教育的发展和创新。通过对这些国际趋势的研究，能够确保我国体育教育与国际接轨，培养出具备国际视野和竞争力的体育人才。

（二）借鉴并创新国际先进体育教育经验，提升教学质量

国际上存在诸多成功的体育教育经验和教学模式，可以积极借鉴并结合我国实际情况进行本土化创新。例如，芬兰的全面体育教育注重培养学生的终身体育意识和能力，可以借鉴其课程设置和教学方法，加强学生的体育素养和综合能力培养。美国的终身体育教育强调体育与生活的结合，可以引入其健身理念和方法，引导学生将体育融入日常生活。通过借鉴并创新这些国际先进经验，能够开发出适合我国学生的体育教学模式，提升教学质量和水平。

（三）加强国际交流与合作，拓宽学生国际视野和机会

积极寻求与国际体育教育机构的交流与合作的机会，为学生提供更广阔的发展空间和机会。例如，可以与国际知名体育教育大学或研究机构建立合作关系，共同举办学术研讨会、学生交流项目等活动。这些活动有助于学生了解不同国家的体育教育理念和实践，拓宽他们的国际视野。同时，还可以鼓励学生参与国际体育赛事或志愿服务项目，提升他们的跨文化交流能力和国际竞争力。

（四）引入国际化课程和教材，丰富教学内容和方法

为提升体育教育的国际化水平，可以积极引入国际化的课程和教材。这些课程和教材将涵盖更为广泛的国际体育教育内容和方法，为学生提供

更为丰富、多元的学习体验。例如，可以引入国际奥委会推荐的体育课程和教材，让学生了解国际体育规则和赛事组织等方面的知识。同时，还可以借鉴国际先进的体育教学方法和手段，如运用信息技术开展体育教学、采用游戏化教学方式等，以激发学生的学习兴趣和积极性。

（五）培养学生跨文化交流能力，增强国际竞争力和适应能力

在国际化教育背景下，培养学生的跨文化交流能力至关重要。可以通过开设跨文化交流课程、组织国际学生交流活动等方式增强学生的跨文化敏感性和适应能力。例如，在跨文化交流课程中，可以教授学生如何与不同文化背景的人进行有效沟通、如何处理因文化差异引发的冲突等问题。同时，还可以组织学生参与国际交流活动，让他们在实践中锻炼自己的跨文化交流能力和团队协作能力。通过这些方式，能够提升学生的国际竞争力和适应能力，为他们未来的国际化发展奠定坚实的基础。

（六）建立国际化教育评估机制，确保教育质量和效果

为确保国际化教育的质量和效果，有必要建立一套完善的评估机制。该机制将涵盖对学生国际视野、跨文化交流能力、国际竞争力等方面的评估。例如，可以通过设置国际化课程考核、组织国际化项目实践、进行跨文化交流能力测试等方式评估学生的国际化水平和能力。同时，还可以建立国际化教育反馈机制，定期收集学生和教师的意见和建议，以便及时调整和改进国际化教育方案。通过这样的评估机制，能够确保国际化教育的质量和效果，培养出具备国际视野和竞争力的优秀体育人才。

六、注重个性化发展，满足学生多元化需求

（一）设置多样化选修课程，拓宽学生选择空间并激发学习兴趣

为满足学生多元化需求，应设置多样化的选修课程。这些课程将涵盖体育的不同领域和方面，为学生提供更广阔的选择空间。例如，可以开设体育心理学课程，让学生了解体育活动对心理健康的影响；开设体育管理学课程，以培养学生体育组织和管理的能力；开设体育营销课程，让学生学习如何将体育与市场营销相结合。通过这些多样化的选修课程，学生能够根据自身兴趣和特长进行选择和学习，进而拓宽知识面并激发学习兴趣。

（二）实施个性化教学计划，因材施教并关注学生个体差异

每名学生都有自己的学习特点和需求，因此需要实施个性化教学计划。通过与学生进行深入沟通和交流，能够了解他们的学习需求和目标，从而为他们量身定制适宜的教学计划和方法。例如，对于擅长理论学习的学生，可以提供更多的体育理论知识讲解和案例分析；对于喜爱实践操作的学生，则安排更多体育实践活动和项目。通过这样的个性化教学计划，能够更好地满足学生的学习需求和发展潜力。

（三）鼓励学生自主学习与创新思维培养，提升综合素养和能力

在体育教学中，应鼓励学生开展自主学习并培养创新思维。可以提供一些具有挑战性的学习任务和项目，让学生自主探索并解决问题。例如，可以设置一个创新性体育课程项目，让学生自行设计并实施一个体育教学

活动或比赛。通过这样的任务和项目，学生能够培养自己的自主学习能力和创新思维能力，提升综合素养和能力。

（四）提供丰富的实践机会与平台，锻炼学生实践能力和团队协作能力

为使学生更好地将所学知识应用于实际，应为他们提供丰富的实践机会和平台。例如，可以组织学生参与体育赛事的筹备工作、社区体育活动的组织等。通过这些实践活动，学生能够锻炼自己的实践能力和团队协作能力。同时，还可以与企业或社区合作，为学生提供更多的实习或志愿服务机会，让他们在实践中学习并提升自己的能力。

（五）关注个体差异与特殊需求学生，实现全纳教育并促进公平发展

在体育教学中，还需关注个体差异和有特殊需求的学生。应为他们提供个性化的教学支持和辅导，确保他们能够与其他学生一样享受到高质量的体育教育。例如，对于身体条件受限的学生，可以提供适合他们的体育项目和锻炼方法；对于学习困难的学生，可以给予更多的指导和帮助。通过这样的关注和支持，能够实现全纳教育的目标，促进所有学生的公平发展。

（六）建立多元化评价体系，全面评估学生发展并提供个性化指导

为全面评估学生的发展情况，需要建立一套多元化的评价体系。该体系将包括学生的学业成绩、实践能力、创新思维能力、团队协作能力等多个方面。例如，可以通过考试成绩评估学生的学业水平；通过实践项目评估学生的实践能力；通过创新思维题目考查学生的创新思维能力；通过团

队活动评估学生的团队协作能力。通过这样的多元化评价体系，能够更全面地了解学生的发展情况，并为他们提供更好的个性化指导和支持。

第三节　创新体育教学方法：融合科技与教育的新路径

随着科技的飞速发展，教育领域正经历着前所未有的变革。体育教育作为培养学生身心健康的重要学科，也需紧跟时代步伐，创新教学方法，将科技与教育深度融合，以更好地适应未来社会对体育人才的需求。

一、数字化技术在体育教学中的应用

（一）多媒体课件制作与应用

在体育教学中，数字化技术的应用极大地丰富了教学手段和工具。利用智能终端和平板电脑，教师能够轻松制作包含动画、视频等多媒体元素的课件，这使运动技能的展示更为直观易懂。通过动画模拟和慢动作回放，学生可以清晰地观察到每个动作的细节，进而更好地理解和掌握运动技能。同时，多媒体教学软件的运用也极大地提升了课堂的互动性。教师可以利用软件中的投票、问答等功能，实时了解学生的学习状况，并及时给予反馈和指导。这种互动式的学习方式不仅提高了学生的参与度，而且激发了他们的学习兴趣和积极性。此外，多媒体课件便于存储和分享，这使得优质教学资源能够在更广泛的范围内得到传播和利用。因此，多媒体课件制作与应用是数字化技术在体育教学中不可或缺的一部分，为体育教学的创新和发展提供了有力的支撑。

（二）在线互动教学平台

在体育教学中，在线互动教学平台的应用进一步推动了教学模式的创新与发展。通过构建专门的在线教学平台，教师和学生能够突破时间和空间的限制，实现实时的互动与交流。教师可以在线解答学生的疑问，提供及时的反馈和指导，从而大大提高学生的学习效率。同时，这些平台通常具备强大的数据收集和分析功能，使教师能够全面、深入地了解学生的学习情况。教师可以根据学生的学习进度、掌握程度以及存在的问题，进行个性化的指导和干预，确保每名学生都能在适合自己的节奏下进行学习。此外，在线互动教学平台还能够记录学生的学习轨迹和成绩，为教师提供全面的教学评估依据。这些功能不仅提升了体育教学的质量，而且使教学过程更加科学、高效。因此，在线互动教学平台是数字化技术在体育教学中的又一重要应用，为体育教学的现代化和智能化发展开辟了新的道路。

（三）数字化教学资源共享

在体育教学中，数字化教学资源共享是推动教学创新与发展的重要途径。通过构建包含教案、课件、视频等多种形式教学资源的数字化教学资源库，能够极大地丰富教学内容，为师生提供便捷的资源获取渠道。教师和学生可以随时随地访问这些资源以进行学习和交流，打破了传统体育教学资源的时空限制。同时，鼓励教师利用这些数字化资源进行创新教学设计，将最新的教学理念和技术融入课堂，进一步激发学生的学习兴趣和积极性。数字化教学资源共享不仅促进了优质教学资源的广泛传播和有效利用，而且为体育教学的现代化和个性化发展提供了有力支持。

（四）智能终端辅助教学

智能终端设备在体育教学中的应用为课堂管理带来了极大便利。通过使用智能终端设备进行点名、分组、计时等操作，教师能够更为高效地开展课堂管理工作，从而节省大量时间和精力。同时，智能终端还可以根据学生的学习情况和兴趣进行个性化学习推荐，为每个学生提供量身定制的学习路径和资源。这种个性化的教学方式能够更好地满足学生的多样化需求，促进他们的全面发展。因此，智能终端辅助教学是数字化技术在体育教学中的又一重要应用，为提升教学质量和效率提供了有力支撑。

（五）数字化教学评估与反馈

数字化教学评估与反馈机制在体育教学中发挥着重要作用。通过数字化教学平台，教师能够实时收集学生的学习数据，包括学习进度、成绩、参与度等多个方面。这些数据为教师提供全面、客观的教学评估依据，使他们能够及时发现学生学习中存在的问题并进行针对性的干预和指导。同时，利用数据分析工具，教师还可以对学生的学习情况进行深入分析，发现共性问题或个体差异，进而调整教学策略和方法，优化教学过程。数字化教学评估与反馈机制不仅提高了教学的科学性和有效性，而且为学生提供了更为公平、透明的学习环境。因此，它是数字化技术在体育教学中不可或缺的一部分，为体育教学的创新和发展注入了新的活力。

二、虚拟现实技术在运动技能教学中的应用

（一）VR 模拟运动场景

在运动技能教学中，VR（虚拟现实）技术的应用为学生提供了全新且安全的练习环境。利用VR技术，教师能够模拟各类复杂的运动场景，如高山滑雪、攀岩、篮球比赛等，让学生在不受实际环境限制的情况下进行技能练习。这种模拟不仅提升了技能练习的效率和安全性，还使学生在接近

真实的环境中获得了宝贵的实践经验。此外，通过VR模拟比赛场景，学生可以在虚拟环境中体验比赛的紧张氛围，从而提高他们的实战能力和心理素质，为将来的真实比赛做好充分准备。

（二）VR 运动技能训练

VR技术在运动技能训练方面发挥着重要作用。教师可以利用VR设备进行运动技能的分解训练，将复杂动作拆解为简单步骤，帮助学生逐步掌握每一个动作细节。这种分解训练方式能使学生更为深入地理解动作要领，提升技能掌握的准确性和效率。同时，运用VR技术进行运动技能考核也是一项创新之举。VR考核系统能够精准地记录学生的动作数据，并进行客观的分析和评估，从而提高了技能考核的准确性和公正性。

（三）VR 运动损伤预防与康复

在运动技能教学中，运动损伤的预防与康复是极为重要的环节。利用VR技术，教师能够进行运动损伤预防训练，通过模拟各类可能引发损伤的场景，让学生在实际运动之前便能够知晓并规避潜在风险。这种预防性训练极大地降低了实际训练中的损伤风险。同时，在康复阶段，VR技术也发挥着重要作用。通过VR设备进行恢复性训练，学生能够更为安全、有效地进行康复训练，加速康复进程，减少因长时间停训而导致的技能退化。

（四）VR 体育教学资源开发

虚拟现实技术在体育教学资源开发方面也具备巨大潜力。教师可以开发VR体育教学课件和模拟软件，将传统体育教学内容与现代化的VR技术结合，创造出更为丰富、生动的体育教学内容。同时，与专业机构合作，引进先进的VR体育教学资源也是提升教学水平的重要途径。这些优质的VR教学资源不仅可以为学生提供更多样化的学习体验，还能够帮助教师不断更新教学理念和方法，推动体育教学的创新与发展。

（五）VR体育竞赛与体验

为进一步激发学生的参与热情和竞争意识，教师可以组织VR体育竞赛。通过参与VR体育竞赛，学生能够在虚拟环境中与其他同学进行实时对战，体验比赛的紧张与刺激。这种竞赛形式不仅增强了学生的竞争意识，还提升了他们的团队协作能力和应变能力。此外，开展VR体育体验活动也是增强学生学习兴趣的有效途径。通过参与VR体育体验活动，学生能够亲身感受科技的魅力，从而更加热爱体育学习，积极投入到体育训练之中。

三、大数据分析在体育教学评估与反馈中的应用

（一）学生运动数据的收集与分析

在体育教学中，大数据分析技术的应用为学生运动数据的收集与分析提供了全新途径。通过可穿戴设备和运动传感器，教师能够实时收集学生多维度的运动数据，如运动轨迹、速度、力量等。这些数据被传输至大数据分析平台，以进行实时的分析和处理。利用大数据分析技术，教师能够更为深入地了解学生的运动状态以及技能掌握情况的变化，进而更为精准地把握学生的学习进度和需求。

（二）个性化教学方案制订

基于大数据分析的结果，教师可以针对不同学生制订个性化的教学方案和指导计划。通过对学生运动数据的分析，教师能够发现每个学生的优势和不足，从而为他们提供量身定制的训练计划和指导策略。同时，大数据分析有助于教师发现学生中的共性问题，进而优化教学方案，提高整体

教学效果。这种个性化的教学方式不仅增强了教学的针对性和有效性，还激发了学生的学习兴趣和积极性。

（三）学业评价与反馈机制

大数据分析技术在学业评价与反馈机制方面同样发挥着重要作用。通过大数据分析技术，教师能够建构公平、科学的学业评价机制，对学生的运动技能、体能状况等进行全面且客观的评估。同时，大数据分析能够实时反馈学生的学习情况，帮助他们及时调整学习策略和方法。这种实时反馈机制不仅提高了学生的学习效率，还增强了他们的自我认知和自我管理能力。

（四）运动风险预警与干预

在体育教学中，运动风险的预警与干预是非常重要的环节。利用大数据分析技术，教师能够预测学生的运动风险，并及时进行预警和干预。通过分析学生的运动数据和身体状况，教师可以发现潜在的运动损伤风险，并制订相应的预防措施和康复计划。这种预防性的干预极大地降低了实际训练中的运动损伤风险，保障了学生的身体健康。

（五）教学质量监测与改进

大数据分析技术还可应用于体育教学质量的监测与改进。通过大数据分析平台，教师能够对体育教学质量进行实时监测与评估，包括教学内容、教学方法、教学效果等多个方面。同时，教师还可以利用大数据分析技术进行教学效果的对比和分析，发现教学中存在的问题和不足，并及时调整教学策略和方法。这种基于大数据分析的教学质量监测与改进机制不仅提高了体育教学的科学性和有效性，还推动了体育教学的创新与发展。

四、融合科技的创新教学方法

（一）翻转课堂在体育教学中的应用

翻转课堂作为一种创新性的教学模式，其在体育教学中的应用日益受到关注。通过利用数字化设备和教学管理软件，体育教师能够实现体育课程的翻转式教学。课前，学生可利用数字化设备自学理论知识，如运动规则、运动生理学等，为课堂上的实践操作和技能提升做好准备。而在课堂上，教师侧重于引导学生开展实践操作和技能提升，通过互动、讨论和反馈，帮助学生更好地掌握运动技能并提高体能。这种翻转课堂的教学模式不仅提升了体育教学的效率，还培养了学生的自主学习能力和实践操作能力。

（二）个性化体育教学的实施

个性化体育教学是融合科技的创新教学方法的重要组成部分。基于大数据分析的结果，教师能够制订个性化的体育教学方案和指导计划，以满足学生多样化的需求。运用差异化教学策略，教师可以针对每个学生的优势和不足给予针对性的指导，以促进他们的全面发展。例如，对于体能较弱的学生，教师可以制订个性化的体能训练计划，帮助他们逐步提高体能水平；对于技能掌握较快的学生，则可以提供更多的挑战和拓展机会，以激发他们的学习潜力和兴趣。这种个性化的教学方式不仅增强了体育教学的针对性和有效性，还促进了学生的全面发展和个性化成长。

（三）混合式学习模式的构建

混合式学习模式是一种将线上学习与线下实践相结合的创新教学方法。在体育教学中，混合式学习模式能够打破时间与空间的限制，为学生提供更为灵活多样的学习方式。教师可以利用在线课程、虚拟实验室等线上资源，为学生提供丰富的理论知识和实践技能学习材料。同时，教师还可以组织线下实践活动，如实地考察、运动比赛等，让学生亲身体验并实践所学知识。这种混合式学习模式不仅提高了体育教学的灵活性和趣味性，还培养了学生的自主学习能力和实践操作能力。

（四）智慧体育平台的搭建与应用

智慧体育平台是集教学管理、学生评估、资源共享于一体的创新性教学平台。通过智慧体育平台，教师能够实现教学过程的数字化管理、学习数据的实时监测与分析。学生可以借助该平台开展自主学习、在线测试、互动交流等学习活动。同时，智慧体育平台还可以为教师提供丰富的教学资源和教学工具，帮助他们更好地开展体育教学工作。这种智慧体育平台的搭建与应用不仅提升了体育教学的科学性和有效性，还推动了体育教学的创新与发展。

（五）科技融合体育教学的效果评估

对科技融合体育教学的效果进行定期评估与反馈是优化创新路径的重要环节。教师可以通过问卷调查、学生反馈、教学数据分析等多种方式收集教学效果的相关信息和数据。通过对这些信息的分析和处理，教师能够了解科技融合体育教学的优势和不足，以及学生在学习过程中的需求和问题。基于这些评估结果，教师可以及时调整教学策略和方法，不断优化创新路径，进而提高体育教学的质量和效果。

（六）教师科技能力提升与培训

在融合科技的创新教学方法中，教师的科技能力提升与培训是至关重要的环节。学校可以组织教师参加科技应用能力培训，提升他们的科技素养和教学创新能力。通过培训和学习，教师能够掌握最新的科技教学工具和方法，了解科技在体育教学中的应用趋势和发展前景。同时，学校还可以鼓励教师积极探索科技融合体育教学的新模式和新方法，为体育教学的创新与发展贡献自己的力量。这种教师科技能力提升与培训不仅推动了体育教学的创新与发展，还提升了教师的专业素养和教学能力。

第四节 构建实践与理论并重的 体育教育评价体系

在面向未来的体育教育发展进程中，构建一个实践与理论并重的体育教育评价体系具有至关重要的意义。这一体系不仅有助于全面评估学生的体育素养和综合能力，而且能够引导体育教育朝着更加注重实践应用和创新能力的方向发展。

一、确立多元化评价目标

（一）体能水平与运动技能评价

体能水平和运动技能是体育教育的基础，也是评价学生体育素养的重要指标。评价体系应关注学生的体能发展状况，如速度、力量、耐力等，并通过定期测试对学生的体能水平予以评估。测试内容可以包括跑步、跳远、投掷等基本体能项目，以及篮球、足球、游泳等专项运动技能测试。此类测试不仅有助于了解学生的体能状况，而且能够激励他们积极提升自己的运动技能。同时，运动技能的掌握程度也是评价的重点所在。除基本运动技能外，还应关注学生在专项运动技能方面的掌握情况，如技术的准确性、运用的熟练度等。此外，评价还应涉及学生对运动技能的实际运用能力，例如在比赛或活动中的表现，以及他们如何将所学的运动技能应用于日常生活中。

（二）理论知识掌握程度评价

体育教育既注重实践，理论知识的学习也同样重要。评价体系应关注学生对体育理论知识的掌握程度，包括体育基础知识、运动生理学、运动训练学等方面的理论知识。通过理论考试、课堂讨论、撰写论文或研究报告等方式，能够评估学生对理论知识的理解和应用能力。这种评价方式有助于确保学生在掌握实践技能的同时，也能够深入理解体育教育的理论知识，从而形成全面的体育素养。

（三）实践能力与创新思维评价

实践能力是指学生将所学知识应用于实际情境的能力，这也是体育教育的重要目标之一。评价体系应关注学生的实践能力，如运动技能的实际运用、体育赛事的组织与参与等。通过模拟比赛、实际赛事参与、体育活动策划与执行等实践项目，可以对学生在实际情境中的表现和实践能力进行评估。同时，创新思维也是评价的重点内容。体育教育应鼓励学生展现新颖的想法和创新的方法，例如在运动技能方面的创新尝试、体育赛事的新颖组织形式等。通过创新比赛、创意提案等方式，能够激发学生的创新思维，并对他们在体育领域的创新能力予以评估。

（四）团队协作能力与社会责任感评价

体育教育不仅关注学生的个体发展，而且注重培养学生的团队协作能力和社会责任感的培养。评价体系应关注学生在团队活动中的表现，如沟通协调、分工合作等能力。通过团队项目、集体运动等活动，能够对学生的团队协作能力以及其在团队中的角色担当予以评估。同时，通过学生参与社区服务、体育赛事志愿服务等活动，可以评估其社会责任感的培养情况。这种评价方式有助于引导学生关注社会、积极投身公益活动，进而培养他们的社会责任感和公民意识。

（五）综合评价与全面发展引导

多元化评价目标的设定旨在引导学生全面发展，规避单一评价带来的片面性。评价体系应整合上述各项评价目标，从而形成对学生体育素养的全面评估。这包括对学生的体能水平、运动技能、理论知识、实践能力、创新思维、团队协作能力以及社会责任感等多个方面进行综合评价。同时，通过评价结果的反馈和指导，引导学生认识到自身优势与不足，并制订具有针对性的发展计划。教师可以根据学生的评价结果，提供个性化的指导和建议，帮助他们制订适宜自己的发展计划，以促进其全面发展。这种综合评价与全面发展引导有助于学生在体育教育领域实现全面的成长和进步。

二、融合实践与理论的评价内容

（一）理论与实践并重的评价体系构建

在体育教育评价内容的构建过程中，应坚持理论与实践并重的原则，以确保评价的全面性和客观性。这意味着评价体系不仅要涵盖学生在课堂上的理论知识学习情况，而且要包含他们在实践活动中的表现。通过理论与实践的有机结合，能够更为精准地评估学生的体育素养和综合能力。为达成这一目标，我们可以设计一套综合评价体系，其中包括理论考试、课堂参与度、实践活动表现等多个维度，以全面反映学生的体育学习成果。

（二）理论知识评价内容的细化

理论知识评价是体育教育评价的重要组成部分，它对于学生全面理解体育学科、掌握运动技能以及培养终身体育意识具有重要意义。因此，评价内容应细化到具体的体育基础知识、运动生理学、运动训练学等方面，从而全面评估学生对体育理论知识的掌握程度。为实现这一目标，可以采用多种评价方式，如理论考试、课堂讨论、撰写论文或研究报告等。同时，理论知识的评价不应仅局限于学生对知识的记忆和背诵，而应着重关注其理解和应用能力。可以设计一些开放性问题或情境，让学生在解决问题的过程中展示他们对理论知识的理解和应用。

（三）实践活动评价内容的多样化

实践活动评价是体育教育评价的又一个重要方面，它对于培养学生的实践能力、团队协作能力、创新思维以及社会责任感具有重要意义。因此，评价内容需多样化，包括体育比赛、社团活动、体能训练、运动技能测试等，以全面评估学生在实践活动中的表现。为实现这一目标，可以设计一些具有挑战性的实践项目，如模拟比赛、实际赛事参与、体育活动策划与执行等。这些项目不仅能够评估学生的实践能力，而且能让学生在实践中锻炼团队协作能力、创新思维和社会责任感。同时，还可以鼓励学生参与诸如体育赛事志愿服务等社会服务活动，以培养他们的社会责任感和公民意识。

（四）实践与理论融合的评价方法创新

在评价方法的创新方面，应注重实践与理论的融合，以便更好地评估学生的综合能力和创新思维。为实现这一目标，可以采用一些新型的评价方式，如项目式学习、案例分析、实践报告等。这些评价方式能够将理论知识与实践活动结合，让学生在解决实际问题的过程中运用所学知识，提升他们的综合能力和创新思维。同时，还可以利用现代信息技术手段，如智能穿戴设备、运动数据分析软件等，对学生的体能状况和运动技能进行精准评估。这些技术手段不仅能够提供更为科学、客观的评价依据，而且能让学生更为直观地了解自己的体能状况和运动技能水平，从而更有针对性地进行改进和提升。

三、采用多样化的评价方法

（一）实际操作考核：直观评估学生技能与表现

实际操作考核是体育教育不可或缺的组成部分，它通过对学生在实际操作中的表现予以评估，能够直观且准确地反映学生的技能水平和实际应用能力。在实际操作考核环节，可以设计各类与体育相关的任务，如特定的运动技能测试、体育活动的组织与执行等，让学生在实际操作中展示他们的技能和才能。同时，教师或评价人员能够观察并记录学生在操作过程中的表现，如动作的准确性、协调性、速度等，进而对学生的技能水平做出客观评价。

（二）项目报告：综合考量学生理论与实践能力

项目报告是一种要求学生将理论知识应用于实际问题的评价方式。在体育教育中，可以让学生针对某一体育项目或活动展开深入研究并撰写项目报告。报告内容可以包括项目的背景、目标、实施计划、预期结果以及实际成果等。通过项目报告，能够综合考量学生对理论知识的掌握程度及其在实践中的应用能力。同时，项目报告还可以培养学生的研究能力、分析能力和写作能力。

（三）同伴评价：促进学生之间的互相学习与监督

同伴评价是一种让学生相互评价的方式。在体育教育中，可以让学生在小组或团队活动中进行同伴评价。他们能够对彼此在活动中的参与度、合作精神、技能水平等方面进行评价。通过同伴评价，可以促进学生之间的相互学习和监督，使他们更为关注彼此的表现，并提供建设性的反馈和建议。同时，同伴评价还可以培养学生的沟通能力和批判性思维。

（四）自我评价：引导学生自我反思与成长

自我评价是一种让学生对自己的表现进行评价的方式。在体育教育中，可以鼓励学生在某个项目或活动之后进行自我评价。他们能够反思自己在过程中的表现、所取得的成果以及需要改进之处。通过自我评价，可以引导学生更为关注自己的成长和进步，并培养他们的自我意识和自我管理能力。同时，自我评价还可以帮助学生制订更为明确的学习目标和计划。

（五）口试与答辩：考查学生的表达能力与思维逻辑

口试与答辩是一种通过口头表达来评价学生知识和能力的方式。在体育教育中，可以针对某一体育主题或问题开展口试或答辩活动。学生可以准备相关内容并进行口头陈述，同时回答教师或评价人员提出的问题。通过口试与答辩，能够考查学生的表达能力、思维逻辑以及他们对体育知识的理解和应用能力。同时，口试与答辩还可以培养学生的自信心和应变能力。

（六）信息化评价手段：科学、客观地评估学生表现

随着信息技术的发展，信息化评价手段在体育教育中得到了广泛的应

用。例如，可以利用智能穿戴设备对学生的体能状况和运动技能进行精准评估；运用运动数据分析软件对学生的运动表现进行客观分析；借助在线评价系统对学生的学习进度和成果进行实时跟踪和评价。这些信息化评价手段不仅能够提供更为科学、客观的评价依据，而且可以提高评价的效率和准确性。同时，它们还能让学生更为直观地了解自己的体能状况和运动技能水平，从而更有针对性地进行改进和提升。

四、强化过程性评价与反馈

（一）关注学习过程：实时跟踪、细致指导与动态调整

在体育教育评价中，教师的角色不仅是知识的传授者，更是学生学习过程的引导者和支持者。教师应密切关注学生的学习态度、参与度、技能掌握情况等。通过实时跟踪学生的学习进展，及时发现他们所遇到的问题和困难，并给予针对性的指导和帮助。例如，教师可以利用课堂观察、学习日志、小组讨论等方式，全面了解学生的学习状态，记录他们的学习进展以及遇到的挑战，并与学生进行个别交流，了解他们的学习需求和困惑，进而为他们提供个性化的学习建议。

（二）定期测试与评估：全面了解、精准定位与策略调整

为了更好地了解学生的学习进度和存在的问题，教师应定期进行测试和评估。这些测试和评估应涵盖理论知识、技能掌握、实践能力等多个方面，以确保全面、客观地了解学生的学习状况。通过测试和评估，教师能够精准定位学生在哪些方面存在不足，并及时调整教学策略和方法，以帮助学生更好地掌握知识和技能。例如，教师可以根据测试结果为学生制订个性化的学习计划，提供针对性的辅导与支持。

（三）及时反馈与调整：促进自我认知、目标设定与行动计划

在体育教育评价中，及时反馈是促进学生自我提升的关键要素。教师应及时将测试和评估的结果反馈给学生，让他们知晓自己的表现和存在的问题。同时，教师还应鼓励学生根据反馈进行自我反思和调整，制订更为明确的学习目标和计划。例如，教师可以与学生一同分析测试或评估的结果，指出他们在哪些方面表现出色，哪些方面有待改进，并给予具体的建议和指导。通过这种方式，学生能够更为清晰地了解自己的学习状况，设定合理的目标，并制订可行的行动计划。

（四）个性化指导方案：满足多元需求、激发潜能与促进成长

鉴于每个学生的学习能力和兴趣点存在差异，教师应制订个性化的指导方案，以满足不同学生的需求。例如，对于学习能力较强的学生，教师可以提供更具有挑战性和拓展性的学习任务，以激发他们的潜能；对于学习能力较弱的学生，教师可以给予更多的辅导和支持，帮助他们逐步掌握基本知识和技能。通过个性化的指导方案，教师能够更好地促进每个学生的成长和进步，让每个学生都能在体育教育中找到属于自己的发展空间。

（五）建立成长档案：全面记录、追踪发展与自我反思

为了更为全面地了解学生的发展历程，教师可以为每个学生建立成长档案。成长档案应包含学生的学习计划、测试结果、实践活动表现、自我评价、教师评价等多个方面的内容。通过建立成长档案，教师能够更为全面地了解学生的学习和发展情况，为他们提供更具针对性的指导和帮助。同时，成长档案还可以作为学生自我评价和反思的重要依据，帮助他们更好地了解自己的成长轨迹和进步空间。

（六）鼓励自我评价与反思：培养自主学习能力与终身学习习惯

除教师的评价和反馈外，还应鼓励学生进行自我评价和反思。教师可以引导学生定期回顾自己的学习过程，思考自己在哪些方面取得了进步，哪些方面尚须改进。通过自我评价和反思，学生能够更为深入地了解自己的学习情况，培养自主学习的能力和习惯。同时，教师还可以鼓励学生与同学进行互评和讨论，以促进彼此间的学习和进步。通过这种方式，学生能够逐渐掌握自我评价和反思的方法，为其终身学习和发展奠定坚实的基础。

五、注重评价体系的科学性与可操作性

（一）科学理论支撑，确保评价准确性

在构建体育教育评价体系时，必须基于科学的理论和研究方法，以确保评价结果的准确性和可靠性。在设计评价体系时，应充分借鉴体育学、教育学、心理学等相关学科的理论成果，如运动生理学、运动技能学习理论、教育评价理论等，以确保评价体系的科学性和有效性。同时，还须密切关注国内外体育教育评价的最新研究动态，如国际体育教育评价的发展趋势、先进的评价理念和方法等，并不断吸收和借鉴，以提升评价体系的科学性与前瞻性。

（二）明确评价标准，提高评价公正性

为确保评价体系的公正性和客观性，必须明确评价标准，确保评价过程有章可循、有据可依。评价标准应涵盖体能水平、运动技能、理论知

识、实践能力、创新思维、团队协作能力以及社会责任感等多个方面，以全面反映学生的体育素养。同时，评价标准还应具备可操作性和可测量性，便于教师在实际教学中应用和操作。例如，对于体能水平的评价，可以制订具体的测试项目和标准，如跑步的速度、跳远的距离等；对于运动技能的评价，则可以制订技术动作准确性和熟练度的评价标准。

（三）简化评价流程，提升操作便捷性

评价体系的设计应注重简洁明了，易于理解和实施。应尽量避免复杂的评价流程和烦琐的评价指标，以减轻教师的负担，提高评价体系的可操作性。具体来说，可以采用定性与定量相结合的评价方法，通过简单的测试、问卷、观察等方式收集评价信息。例如，对于理论知识的评价，可以采用试卷测试的方式；对于实践能力的评价，可以采用观察记录的方式；对于团队协作能力和社会责任感的评价，可以采用问卷调查和访谈的方式。这样能够确保评价过程的便捷性和高效性。

（四）强化反馈机制，促进持续改进

评价体系应注重反馈机制的构建，以便及时将评价结果反馈给学生和教师，促使他们持续改进。反馈机制应包括定期的评价报告、个性化的指导建议以及针对性的改进计划等内容。通过反馈机制，学生能够了解自己的优势和不足，制订个性化的学习计划；教师则能够调整教学策略和方法，以便更好地满足学生的学习需求。例如，评价报告可以包含学生在各个方面的表现情况，以及针对每个学生的具体指导建议；改进计划可以包含针对学生在某个方面存在的不足而制订的具体改进措施和时间表。

（五）注重实践应用，提升评价实效性

评价体系的设计须注重实践应用，以确保其在实际教学中的有效性和

实用性。应鼓励教师在实际教学中灵活运用评价体系，根据学生的实际情况进行个性化的评价和指导。同时，需要关注评价体系在实践中的应用效果，不断收集和分析反馈意见，以便对评价体系进行不断的改进和优化。例如，教师可以根据学生的体能水平和运动技能情况，制订个性化的训练计划；还可以根据学生的理论知识掌握情况和实践能力表现，调整教学内容和方法。此外，学校可以定期组织教师就评价体系的应用效果展开交流和研讨，以便持续完善和优化评价体系。

（六）融合多元评价，实现全面发展引导

在构建体育教育评价体系时，应注重融合多元评价理念和方法，以实现对学生全面发展的引导。除传统的体能测试和技能评估外，还应关注学生理论知识的掌握程度、实践能力与创新思维、团队协作能力与社会责任感等方面的评价。通过多元评价的融合，能够更全面地了解学生的体育素养和发展状况，为他们提供更具个性化的指导和支持。例如，可以将学生的课堂表现、课外活动参与度、社区服务情况等纳入评价体系；还可以鼓励学生参与创新性的体育活动或项目，并对其创新能力和实践成果进行评价。这样能够更全面地反映学生的体育素养和发展状况，为他们提供更加个性化的指导与支持。

六、促进评价体系的持续改进与创新

（一）鼓励教师参与，激发改进动力

为促进体育教育评价体系的持续改进与创新，应鼓励教师积极参与评价体系的改进工作。教师作为教学一线的实践者，对评价体系在实际应用中的优势与不足有着深刻的认识。因此，学校和教育部门应建立相应机

制，如设立教师评价小组、定期召开教师座谈会等，鼓励教师提出宝贵的意见和建议。同时，可以通过提供培训、研究经费等方式，支持教师对评价体系进行深入研究和实践，为评价体系的改进提供实践基础和智力支持。

（二）定期评估与反馈，确保体系有效性

为确保体育教育评价体系的有效性和实用性，应对该评价体系进行定期评估和反馈。这包括对学生、教师以及学校管理层进行调研，以了解他们对评价体系的看法和建议。可以通过问卷调查、访谈等方式收集数据，对评价体系进行全面分析。通过定期的评估和反馈，能够及时发现评价体系中存在的问题和不足，为后续的改进工作提供方向和目标。同时，应将评估结果及时反馈给相关人员，使他们得以了解评价体系的运行状况，并做出相应调整。

（三）引入先进技术，提升评价效率

随着科技的发展，越来越多的先进技术可应用于体育教育评价中。例如，可以利用大数据技术对学生的体能测试、运动技能等数据进行深度挖掘和分析，从而更全面地了解学生的体育素养和发展状况；可以利用人工智能技术予以智能化的评价和指导，如通过智能语音识别技术对学生的口语表达能力进行评价等。引入这些先进技术，不仅能够提高评价效率，而且可以为教师和学生提供更为个性化、精准的评价和指导。同时，学校和教育部门应积极关注科技发展的新趋势，不断探索将新技术应用于体育教育评价的可能性。

（四）关注社会变化，适应发展需求

体育教育评价体系应随着社会的发展变化而不断更新和完善。例如，

社会发展促使人们对体育教育的需求不断改变，评价体系也应相应地调整评价标准和内容。同时，还应关注国际体育教育评价的发展趋势，如国外先进的评价理念、方法等，并积极借鉴和应用。通过关注社会变化和国际发展趋势，可以使体育教育评价体系更契合时代发展需求，更好地服务于学生的全面发展。

（五）创新评价方法，促进全面发展

为更全面地反映学生的体育素养和发展状况，应不断创新评价方法。除传统的体能测试和技能评估外，可以引入更多的评价方法和手段。例如，可以利用项目式学习、合作学习等方式评价学生的团队协作能力和社会责任感；可以利用创新性的体育活动或项目评价学生的创新能力和实践成果等。通过这些创新性的评价方法，能够更全面地了解学生的体育素养和发展状况，为他们提供更具个性化的指导与支持。同时，学校和教育部门也应鼓励教师积极探索和实践新的评价方法，以推动体育教育评价体系不断创新与完善。

（六）构建共享平台，推动体系完善

为推动体育教育评价体系的持续改进与完善，可以构建共享平台，以促进教师、学校及教育部门之间的交流和合作。通过共享平台，能够分享评价体系的实践经验、研究成果以及创新案例等；还可以针对评价体系中存在的问题和不足进行深入的探讨和研究。共享平台可为在线、开放式平台，任何人都可以在上面发表自己的观点和看法，也可以浏览和学习其他人的经验和成果。通过构建共享平台，可以推动体育教育评价体系不断完善和发展，同时也能够促进教师间的专业交流和合作，提高他们的专业素养和教学能力。

第五节 展望未来体育教育的发展蓝图

一、智能化与个性化的体育教育

随着人工智能、大数据等技术的迅猛发展，未来的体育教育将迈向智能化与个性化的全新阶段。

（一）精准评估与定制教学

未来的体育教育将充分利用智能设备和技术手段，对学生的体能、技能、兴趣等多方面进行深度挖掘和精准评估。通过智能穿戴设备、动作捕捉技术等，系统能够实时收集学生的运动数据，分析他们的体能状况、技能水平以及潜在的发展空间。基于这些评估结果，系统将为每名学生量身定制训练计划和教学方案，确保教育内容的针对性和有效性。这种个性化的教学方式将充分考虑学生的个体差异和需求，帮助他们充分发挥自己的潜能。

（二）实时反馈与学习调整

智能化系统将成为体育教育中的重要工具，能够实时追踪学生的学习进度和成效，并提供即时反馈。通过数据分析，系统能够准确判断学生在哪些方面取得了进步，哪些方面尚须加强，并据此给出具体的改进建议。学生可以根据这些反馈及时调整自己的学习策略，教师则能够依据数据优化教学计划，共同促进学习效果的提升。这种实时反馈机制有助于学生更为清晰地了解自己的学习状况，提高自我调整和改进的能力。

（三）个性化学习资源推荐

在智能化的体育教育环境中，系统将借助大数据分析技术，识别学生的学习偏好和需求。通过对学生学习行为的分析，系统能够掌握他们对不同运动项目、训练方式的喜好程度，以及在学习过程中可能遭遇的困难和挑战。基于这些信息，系统将为学生推荐个性化的学习资源，如视频教程、在线课程等。这些资源将根据学生的实际需求和兴趣定制，有助于丰富他们的学习体验，提高学习的积极性和主动性。

（四）智能辅助与互动教学

未来的体育教育将引入智能助教或虚拟教练，为学生提供一对一的指导和支持。这些智能助教将具备丰富的体育知识和教学经验，能够根据学生的学习情况和需求提供个性化的指导和建议。同时，通过智能互动教学平台，师生间的交流与合作将得到进一步增强。学生能够随时随地与智能助教互动，提出问题、分享心得，教师则可以通过平台了解学生的学习进展和反馈，及时调整教学策略和计划。这种智能辅助与互动教学的方式有助于提高体育教学的效率和质量。

（五）预测分析与预警系统

利用数据分析技术，未来的体育教育系统将能够预测学生在体育学习中可能遭遇的问题或挑战。通过对大量学习数据的分析，系统能够发现学生学习过程中的潜在障碍和困难，并及时发出预警信号。这将有助于教师和学生及时发现并干预潜在的学习障碍，确保学生能够顺利进步。同时，系统还可以根据预测结果提前制订针对性的干预措施和教学计划，帮助学生攻克难关、取得更好的成绩。

（六）持续优化与个性化发展

智能化体育教育系统将具备持续优化的能力，能够不断收集数据、分析效果并进行自我优化。通过对学生学习数据的不断分析和挖掘，系统将能够发现教学中的不足之处，并据此调整教学策略和内容。同时，随着学生的成长和发展，系统也将持续调整教学策略和内容，以支持学生的个性化发展需求。这种持续优化和个性化发展的机制有助于确保体育教育始终与学生的学习需求和发展目标保持一致。

二、跨学科融合的体育教育

未来的体育教育将不再囿于传统的体育学科范畴，而是会与其他学科进行更为深入的融合，以满足学生多元化、全面化的发展需求。这种跨学科融合的体育教育将打破传统学科界限，促进知识的交叉与整合，为学生提供更为丰富、多元的学习体验。

（一）体育与医学的融合

未来的体育教育将与医学领域紧密结合，共同关注学生的身体健康和运动安全。通过引入医学知识和技术，体育教育将更为注重运动伤害的预防和康复，为学生提供科学的运动指导和健康建议。例如，运用医学诊断技术对学生的体能状况进行全面评估，包括心肺功能、肌肉力量、柔韧性等方面，从而制订个性化的运动处方，预防运动伤害并提升高运动效果。同时，体育教育也将关注学生的营养摄入和生理变化，与医学专家协作，共同制订科学的饮食计划和营养补给方案，为学生提供全面的健康保障。

（二）体育与心理学的融合

体育教育将更加注重学生的心理健康和情绪管理。通过与心理学领域的交叉融合，体育教育将引入心理测评和辅导技术，帮助学生了解自己的情绪状态、提升心理韧性，并学会在运动中调节情绪、缓解压力。例如，通过心理测评工具了解学生的性格特点、情绪状态等，为他们提供个性化的心理辅导和情绪管理策略。同时，体育教育也将注重培养学生的积极心态和良好心理素质，提高他们在面对挑战和困难时的应对能力，使他们在运动中更加自信、坚韧。

（三）体育与营养学的融合

未来的体育教育将关注学生的饮食营养与运动效果之间的关系。通过与营养学领域的合作，体育教育将为学生提供科学的饮食建议和运动营养补给方案，以帮助他们更好地恢复体能、提高运动成绩。例如，根据学生的身体状况和运动需求，制订个性化的饮食计划，包括蛋白质、碳水化合物、脂肪等营养素的摄入比例和时间安排。同时，学生也将学习如何根据自己的身体状况和运动需求制订合理的饮食计划，培养健康的饮食习惯和生活方式。

（四）体育与社会学的融合

体育教育将与社会学领域相结合，关注学生的社会适应能力和团队合作精神。通过组织各类团队运动和社会实践活动，体育教育将培养学生的沟通协作能力、领导力以及社会责任感。例如，通过团队运动项目（如足球、篮球等），让学生学会在团队中发挥自己的优势，与他人合作共同完成任务。同时，通过社会实践活动（如志愿者服务、社区活动等），让学生更好地了解社会，增强社会责任感。这种融合有助于学生在未来的社会生活中更好地融入团队，发挥个人价值。

（五）体育与科技的融合

未来的体育教育将充分利用科技手段进行创新教学。通过与科技领域的交叉融合，体育教育将引入VR（虚拟现实）、AR（增强现实）等先进技术，为学生提供更为丰富、生动的运动体验和学习资源。例如，运用VR

技术进行模拟比赛和训练，让学生在虚拟环境中感受真实的运动场景和挑战；或者利用智能穿戴设备实时监测学生的运动数据（如心率、步数、卡路里消耗等），为他们提供更为精准的运动指导和反馈。这种融合将有助于提高学生的运动技能和兴趣，同时也为他们提供更为便捷、高效的学习方式。

（六）体育与艺术的融合

体育教育还将与艺术领域进行交叉融合，注重培养学生的审美意识和创造力。通过引入舞蹈、韵律体操等艺术性较强的运动项目，以及组织各类体育文化艺术活动，体育教育将激发学生的艺术潜能和创新思维。例如，通过舞蹈课程让学生感受音乐的节奏和韵律，培养他们的舞蹈技能和审美能力；或者通过组织体育文化艺术节等活动，让学生展示自己的体育才艺和创造力。这种融合有助于培养学生的全面发展能力，使他们在体育和艺术领域都能得到充分的提升和发展。同时，这种跨学科的融合也将为学生提供更为多元化、有趣的学习体验，激发他们的学习兴趣和动力。

三、国际化的体育教育

随着全球化进程的不断深入，未来的体育教育也将更趋国际化。学校将积极引入国际先进的体育教育理念、教学方法和评价体系，同时鼓励学生参与国际体育赛事和交流活动，以培养他们的国际视野和跨文化交流能力。这种国际化的体育教育有助于学生更好地适应全球化时代的发展需求。

（一）引进国际先进的体育教育理念

未来的体育教育将更为注重引进国际先进的体育教育理念，以拓宽学生的国际视野和知识面。学校将积极与国际体育教育机构开展合作，引入国外先进的体育教育理论、教学方法和课程体系，为学生提供更为全面、专业的体育教育。同时，学校还将鼓励教师参与国际体育教育交流和研究，提升他们的专业素养和教学能力，推动体育教育理念的国际化发展。

（二）借鉴国际先进的体育教学方法

未来的体育教育将更加注重借鉴国际先进的体育教学方法，以提高教学质量和效果。学校将积极引进国外先进的体育教学技术和手段，如智能化教学设备、虚拟仿真技术等，为学生提供更为生动、有趣的体育学习体验。同时，学校还将鼓励教师创新体育教学方法和手段，结合学生的实际情况和需求，制订个性化的教学方案，提升体育教学的针对性和实效性。

（三）参与国际体育赛事和交流活动

未来的体育教育将更加注重鼓励学生参与国际体育赛事和交流活动，以提升他们的竞技水平和跨文化交流能力。学校将积极组织学生参加国际性的体育赛事和交流活动，如世界大学生运动会、国际青少年体育交流等，让学生有机会与来自不同国家和地区的运动员交流竞技，了解不同国家的体育文化和风俗习惯。同时，学校还将鼓励学生参与国际体育志愿服务和实习项目，提升他们的社会实践能力和国际视野。

（四）培养具有国际竞争力的体育人才

未来的体育教育将更加注重培养具有国际竞争力的体育人才，以适应全球化时代的发展需求。学校将积极与国际体育组织和机构合作，共同开展体育人才培养项目，为学生提供更为广阔、富有挑战性的学习和实践机会。同时，学校还将注重培养学生的创新意识和实践能力，鼓励他们参与国际性的体育科研和创新项目，提升他们的综合素质和国际竞争力。

（五）推动体育教育的国际化交流与合作

未来的体育教育将更加注重推动国际化的交流与合作，以促进体育教育的共同发展。学校将积极与国际体育教育机构和学校建立合作关系，共同开展体育教育研究和交流活动，分享经验和资源，推动体育教育的国际化进程。同时，学校还将鼓励教师与学生参与国际性的体育教育研讨会和学术会议，提升他们的学术水平和国际影响力。

（六）构建国际化的体育教育评价体系

未来的体育教育将更加注重构建国际化的体育教育评价体系，以确保体育教育的质量和效果。学校将积极引入国际先进的体育教育评价标准和方法，结合学校的实际情况和需求，制订个性化的评价体系和指标。同时，学校还将重视对学生体育素养和综合能力的全面评价，鼓励他们参与国际性的体育竞赛和评选活动，提升他们的自信心和成就感。这种国际化的体育教育评价体系有助于推动体育教育的国际化发展，提升学生的国际竞争力。

四、终身化的体育教育

未来的体育教育将更加注重培养学生的终身体育意识和能力，目的在于帮助学生养成良好的体育习惯，保持健康的体魄和积极的生活态度。这种终身化的体育教育将不仅关注学生在校期间的体育教育，还将关注他们毕业后的体育生活和发展。

（一）开设终身体育课程

未来的体育教育将更加重视开设终身体育课程，以满足学生不同阶段的体育需求。学校将根据学生的年龄、性别、兴趣爱好等因素，设计多样化的终身体育课程，如健身操、瑜伽、太极拳、游泳等，使学生在校期间就能接触多种体育项目，培养他们的体育兴趣和爱好。同时，学校还将注重课程的实用性和趣味性，让学生在轻松愉快的氛围中学习体育知识和技能。此外，学校还将鼓励学生根据自己的兴趣和特长选择合适的体育课程，进一步激发他们的体育热情和潜能。

（二）提供体育健身指导

　　未来的体育教育将更加注重提供体育健身指导，帮助学生掌握科学的健身方法和技巧。学校将聘请专业的体育教练和健身指导师，为学生提供个性化的健身指导和咨询服务。他们将根据学生的身体状况、运动能力和健身目标，制订个性化的健身计划和饮食方案，帮助学生科学地进行体育锻炼和饮食管理，提高他们的身体素质和运动能力。同时，学校还将定期举办体育健身讲座和研讨会，向学生传授最新的体育健身知识和技巧，帮助他们更好地掌握科学的健身方法。

（三）建立终身体育教育体系

　　未来的体育教育将更加注重建立终身体育教育体系，以实现体育教育的连贯性和持续性。学校将与学生的家庭、社区和体育俱乐部等建立紧密的合作关系，共同为学生的终身体育发展提供支持和服务。学校将制订详细的体育教育计划，确保学生在不同教育阶段都能接受高质量的体育教育，培养他们的终身体育意识和能力。同时，学校还将重视体育教育的衔接性，确保学生在升学或转学过程中能够顺利衔接体育教育，避免体育教育出现断层现象。

（四）推广终身体育理念

　　未来的体育教育将更加重视推广终身体育理念，使学生认识到体育锻炼对身心健康的重要性。学校将通过举办体育讲座、健康知识竞赛等活动，向学生普及终身体育的理念和知识，让他们知晓体育锻炼对于预防疾病、提高生活质量的重要意义。同时，学校还将鼓励学生参与体育志愿服务和社区体育活动，将终身体育理念付诸实践。此外，学校还将利用校园媒体和社交平台等渠道，广泛宣传终身体育理念，营造浓厚的体育文化氛围。

（五）利用科技手段促进终身体育发展

未来的体育教育将更加注重利用科技手段推动终身体育的发展。学校将积极引入先进的体育科技产品和设备，如智能健身器材、运动监测设备等，为学生提供更为便捷、高效的健身服务。同时，学校将利用互联网和移动应用等技术手段，建立体育在线教育平台和社区，为学生提供更为丰富、多样的体育学习资源和交流机会。学生能够通过这些平台随时随地进行体育学习和交流，分享自己的体育经验和心得，推动终身体育教育的创新和发展。

（六）培养终身体育教育的师资力量

未来的体育教育将更加重视培养终身体育教育的师资力量。学校将加强对体育教师的培训和教育，提升他们的专业素养和教学能力，使他们能够更好地传授终身体育的理念和技能。同时，学校将鼓励体育教师参与国际性的体育教育交流和研讨活动，引入国际先进的终身体育教育理念和方法，推动终身体育教育的国际化发展。此外，学校还将注重培养体育教师的创新意识和实践能力，鼓励他们积极探索新的体育教学方法和手段，为学生提供更为优质、高效的体育教育服务。

第八章 体育教育实践与课程改革的支持体系与创新策略

第一节 体育教育实践的支持体系构建

一、高校体育教育专业教育实践的现状与需求分析

（一）传统教育模式的局限与挑战

1. 理论与实践的严重脱节

在高校体育教育专业中，传统教育模式仍然占据主导地位，其显著特点是过度侧重于理论知识的传授。这种教学模式导致学生虽能掌握丰富的理论知识，然而，在实际操作和应用能力方面却表现得力不从心。理论与实践的严重脱节，使得学生在面对实际体育教育工作时不知所措，难以快速适应岗位需求。为改善这一状况，我们有必要对传统教育模式进行深刻反思并予以必要改革，注重理论与实践的有机结合，确保学生能够在实际操作中灵活运用所学知识。

2. 学生实践能力的欠缺

受传统教育模式的局限，高校体育教育专业的学生在实践能力方面存在明显不足。他们或许熟知各类体育教育理论，但在实际的教学、训练或活动中却难以有效地运用这些理论。这种实践能力的欠缺不仅影响学生的个人发展，而且可能对整个体育教育行业的质量和水平产生消极影响。因此，我们需要对传统教育模式加以改革，更加注重学生实践能力的培养，为他们提供更多的实践机会和指导。

3. 适应体育教育工作实际需求的挑战

在传统教育模式下，高校体育教育专业的学生毕业后往往面临难以迅速适应体育教育工作实际需求的挑战。这是因为他们在校期间缺乏足够的实践经验和实际操作能力的培养。为了帮助学生更好地适应未来的工作岗位，我们需要对传统教育模式进行革新，注重理论与实践的结合，提高学生的实践能力和应用能力。只有这样，他们才能在实际工作中应对自如，迅速成长为优秀的体育教育人才。

4. 对传统教育模式的反思与改革需求

传统教育模式在高校体育教育专业中的局限和挑战不容小觑。为培养学生的实践能力和应用能力，使他们能更好地适应体育教育工作的实际需求，我们需要对传统教育模式进行深刻反思并实施必要改革。这包括注重理论与实践的结合、提供更多的实践机会和指导，以及探索创新的教育方法和模式。通过这些措施的实施，有望培养出更多具备高素质和实践能力的体育教育人才。

（二）教育资源分配不均的问题

1. 资源有限与学生需求之间的矛盾

在高校体育教育专业中，教育资源分配不均是一个较为显著的问题。

由于资金、设施、师资等资源的有限性，部分学生在实践环节常常无法得到充分的指导和支持。这种资源与学生需求之间的矛盾，直接影响了学生实践能力的培养质量，致使他们在毕业后难以迅速适应体育教育工作的实际需求。为解决这一问题，我们需要优化教育资源的分配，确保每个学生都能获得必要的实践机会和指导。

2. 不均衡资源分配对学生实践能力的影响

教育资源分配不均不但影响学生实践能力的培养，而且可能挫伤他们的学习积极性。在实践过程中，部分学生因得不到充分的指导和支持，往往难以有效提升自己的实践技能。这种不均衡的资源分配不仅加剧了学生之间实践能力的差异，还可能使部分学生对体育教育专业产生挫败感，进而影响他们的学习积极性。因此，我们需要采取措施以确保教育资源的均衡分配，从而提高学生的实践能力和学习积极性。

3. 优化教育资源分配的必要性

鉴于教育资源分配不均对学生实践能力培养和学习积极性产生的负面影响，我们迫切需要对教育资源的分配进行优化。这包括增加对体育教育专业的投入、改善实践设施、提高师资水平，以及制定更为公平合理的资源分配机制。通过这些措施的实施，我们能够确保每名学生都能得到充分的实践机会和指导，进而提高他们的实践能力和学习积极性。

4. 探索创新的教育资源分配模式

为更有效地解决教育资源分配不均的问题，我们需要探索创新型的教育资源分配模式。例如，我们可以引入市场竞争机制以鼓励优质教育资源的流入；或者建立资源共享平台，促进不同高校间体育教育资源的共享。这些创新模式有助于突破传统资源分配的局限，实现教育资源的优化配置和高效利用。

5. 政策支持与资源分配机制的完善

政策支持和资源分配机制的完善也是解决教育资源分配不均问题的关键所在。政府应加大对体育教育专业的投入力度，制定更为明确、具体的政策导向，鼓励高校优化教育资源分配。同时，高校也应积极响应政策号召，完善内部的资源分配机制，确保每名学生都能得到公平、充分的实践机会和指导。通过这些措施的实施，我们能够逐步解决教育资源分配不均的问题，为高校体育教育专业的发展提供更为坚实的保障。

（三）学生实践过程中遇到的主要问题

1. 实践机会有限，技能锻炼不足

在高校体育教育专业中，学生普遍面临实践机会有限这一问题。由于课程安排、设施受限或师资不足等原因，学生往往无法获得足够的实践时间和机会来充分锻炼自己的技能。这种实践机会的匮乏直接制约了学生实践能力的发展，导致他们毕业后难以迅速适应体育教育工作的实际需求。为解决这个问题，高校应积极创造更多的实践机会，如增加实践课程、开展校外实践活动等，以确保学生能够充分锻炼和运用自己的技能。

2. 实践内容与实际需求脱节

学生在实践过程中面临的另一个问题是实践内容与实际需求的脱节。部分高校的体育教育专业实践内容过于理论化或陈旧，无法与当前体育教育工作的实际需求相匹配。这种脱节现象致使学生毕业后难以迅速适应体育教育工作岗位，需要重新学习并适应实际工作环境。为解决这一问题，高校需要定期更新实践内容，确保其与当前体育教育工作的实际需求紧密联系，进而提高学生的实践能力和就业竞争力。

3. 实践指导不足，问题解决困难

在实践过程中，学生还经常面临实践指导不足的问题。一些高校因师

资力量有限或教学方法不当，无法为学生提供相当的实践指导和支持。这使得学生在实践中遇到的问题不能得到及时且有效的解决，影响了他们的实践效果和积极性。为解决这个问题，高校应加强师资培训，提升教师的实践指导能力，并建立完善的实践指导体系，以确保学生在实践中能够得到充分的指导和支持。

4.实践与理论结合不紧密，影响实践能力提升

学生在实践过程中还面临着实践与理论结合不紧密的问题。部分高校在体育教育专业教学中过于注重理论知识的传授，却忽视了理论与实践的有机结合。这种教学模式使得学生在实践中难以将理论知识应用于实际操作，影响了他们实践能力的提升。为解决这一问题，高校需要注重理论与实践的结合，加强实践环节的教学设计和实施，确保学生能够在实践中灵活运用所学知识，提高实践能力。

（四）实践能力培养的重要性

1.实践能力：体育教育专业的核心素养

实践能力是体育教育专业学生必备的核心素养之一，它直接关系到学生毕业后能否迅速适应并胜任体育教育工作。实践能力不仅包括对体育教育理论知识的理解和应用，更体现在实际教学、训练和组织体育活动时的操作能力和问题解决能力。因此，高校体育教育专业务必高度重视学生实践能力的培养，以确保学生具备扎实的实践能力。

2.实践能力培养与学生个人成长

实践能力培养对学生个人的成长和发展有着深远影响。通过实践，学生能够更为深入地理解和应用所学知识，提升自己的专业技能和实际操作能力。同时，实践也是学生锻炼自己、挑战自己和提升自己的重要途径。在实践过程中，学生能够学会如何与他人合作、如何解决问题以及如何应

对挑战，这些都将对他们未来的职业发展产生积极影响。

3. 实践能力培养与体育教育行业质量

学生的实践能力培养不仅关乎其个人的成长和发展，更可能影响整个体育教育行业的质量和水平。如果学生在校期间未得到充分的实践机会和指导，那么他们毕业后将难以迅速适应体育教育工作的实际需求，这会对体育教育行业的整体质量产生负面影响。因此，高校体育教育专业必须注重学生的实践能力培养，确保学生具备扎实的实践技能和丰富的实践经验。

4. 构建完善的体育教育实践支持体系

为有效培养学生的实践能力，高校需要构建完善的体育教育实践支持体系。这包括提供充足的实践机会、更新实践内容以契合实际需求、加强师资培训以提高实践指导能力，以及建立完善的实践指导体系等。通过这些措施的实施，高校能够为学生提供更为全面、有效的实践支持，帮助他们更好地提升自己的实践能力。

5. 实践能力培养的长期效益与社会价值

最后，应认识到实践能力培养的长期效益与社会价值。通过培养学生的实践能力，能够为他们未来的职业发展奠定坚实的基础，帮助他们更好地适应并胜任体育教育工作。同时，具备扎实实践能力的学生也将为体育教育行业注入新的活力和创新力量，推动整个行业的持续发展和进步。因此，高校体育教育专业必须高度重视学生的实践能力培养，为他们的未来发展和社会贡献奠定坚实的基础。

（五）体育教育实践效果的提升需求

1. 构建完善的体育教育实践支持体系

鉴于前文提及的体育教育实践中面对的问题及其对实践效果的严重

影响，构建一套完善且系统的体育教育实践支持体系迫在眉睫。该体系应是全方位、多层次的综合体系，涵盖多个关键方面。其一，提供充足的实践机会是关键，要确保学生有足够的时间和空间进行实际操作和锻炼。其二，实践内容必须与时俱进，与实际需求紧密契合，避免理论与实践相脱节。其三，加强师资培训，提升教师的实践指导能力，确保学生在实践中能得到有效的指导和帮助。其四，建立完善的实践评估机制，对学生的实践能力进行客观、全面的评价，以便及时发现问题并加以改进。通过这些措施的综合实施，能够为学生提供更为全面、有效的实践支持，进而全面提升学生的实践能力和体育教育实践的效果。

2. 增加实践机会，丰富实践经验

为切实提高学生的实践能力，高校应积极创造更多的实践机会。这并非单纯指增加实践课程的数量，更为重要的是要确保实践课程的质量和多样性。例如，可以开展多种形式的校外实践活动，如社区体育服务、学校体育赛事组织等，让学生在实际工作环境中得到锻炼。同时，高校还可以与企业或社区建立合作关系，共同开发实践项目，为学生提供更多的实践机会。此外，鼓励学生参与各类体育教育相关的项目或活动也非常重要，如体育科研项目、体育社团活动等，这些都可以丰富他们的实践经验，提升他们的实践能力。

3. 更新实践内容，匹配实际需求

高校需定期更新体育教育专业的实践内容，以确保其与当前体育教育工作的实际需求相匹配。这应就要求高校与行业专家、一线教师或相关机构保持密切的合作关系，共同制定实践内容和标准。通过这种合作，高校能够及时掌握体育教育行业的最新动态和发展趋势，从而及时调整实践内容，使其更符合实际需求。例如，可以将最新的体育教育理念和方法引入实践教学，让学生接触到最前沿的知识和技能。通过这样的更新和调整，学生能够更好地适应未来的工作岗位，提高他们的实践能力和就业竞争力。

4. 加强师资培训，提升实践指导能力

教师在学生实践能力培养过程中起着至关重要的作用。因此，高校必须重视师资培训，以提高教师的实践指导能力。这可以通过多种途径达成，如组织定期的培训课程、邀请行业专家举办讲座或工作坊、鼓励教师参与实践研究等。通过这些措施的实施，教师能够不断更新自己的知识和技能，提升实践指导能力。同时，高校还可以建立教师交流平台，供教师们分享实践指导经验和方法，相互学习和借鉴。这样不仅能够提升教师的实践指导能力，而且能够增强教师之间的团队合作精神。

5. 完善实践评估机制，确保实践效果

为全面提升学生的实践能力和体育教育实践的效果，高校必须完善实践评估机制。这包括制定明确的实践目标和评估标准、采用多种评估方法（如自我评价、同伴评价、教师评价等），以及及时反馈评估结果并根据结果进行改进。明确的实践目标和评估标准可使学生清楚地了解实践要求，多种评估方法能够确保评价的全面性和客观性。及时反馈评估结果并据此进行改进，有助于学生及时调整和提升，同时也有助于高校不断优化和完善体育教育实践支持体系，以适应实践的发展和变化。通过这些措施，高校能够更有效地提升学生的实践能力和体育教育实践效果。

（六）支持体系构建的必要性与紧迫性

1. 解决当前实践问题，提升学生实践能力

构建完善的体育教育实践支持体系，首要目的在于解决当前学生在实践过程中面临的问题。如前文所述，学生在实践中常常面临实践机会不足、实践内容陈旧、指导不力以及评估缺失等问题，这些问题严重制约了

学生实践能力的提升。因此，构建支持体系，提供充足的实践机会、更新实践内容、加强师资培训以及完善评估机制，是当务之急。通过这些措施，能够有效解决学生在实践中遇到的困境，全面提升他们的实践能力。

2. 提升体育教育行业质量，满足社会需求

体育教育实践支持体系的构建，并非仅为解决学生个体的问题，更是为了提升整个体育教育行业的质量和水平。当前，体育教育行业对高素质、实践能力强的人才需求迫切。构建支持体系，能够确保学生在校期间得到充分的实践锻炼和有效的指导，从而培养出更多符合行业需求的优秀人才。这不仅能够提升体育教育行业的整体质量，而且能够更好地满足社会对体育教育人才的需求。

3. 适应时代发展，推动体育教育创新

随着时代的不断发展，体育教育也处于持续的变革和创新之中。构建体育教育实践支持体系，能够确保学生接触到最新的体育教育理念和方法，培养他们的创新意识和能力。同时，该支持体系的构建还可以推动体育教育实践不断发展和创新，探索出更多契合时代需求的新模式和新方法，这对体育教育行业的长期发展和进步具有重要意义。

4. 增强教师实践能力，提升教学质量

教师在学生实践能力的培养方面起着至关重要的作用。然而，当前许多体育教师在实践中面临着指导能力欠缺的问题。构建体育教育实践支持体系，能够加强师资培训，提升教师的实践指导能力。这不仅有助于学生更好地开展实践锻炼，而且能够提升教师的教学质量，使他们能够更有效地传授体育知识和技能。

5. 优化资源配置，实现体育教育可持续发展

构建体育教育实践支持体系，还可以优化资源配置，实现体育教育的

可持续发展。通过整合学校、企业、社区等多方面的资源以共同支持体育教育实践的发展，这不仅能够提供更多的实践机会和资源，而且能够促进各方面的合作与交流，共同推动体育教育的进步与发展，这对体育教育的长期可持续发展具有重要意义。

二、支持体系的关键要素与构建路径探索

（一）实践基地建设：打造稳定多元的实践平台

1.合作关系的建立与维护

为打造稳定的实践平台，应积极与中小学、社区体育中心等建立长期合作关系，将这些机构作为固定的实践基地。重视与实践基地的定期沟通，共同制订实践计划，确保实践内容与实际需求紧密相连，真正做到学以致用。同时，通过互访、交流等方式不断维护并增强与合作方的互动，确保合作关系持续稳定发展。

2.实践基地的多样化

在实践基地建设方面，注重多样性和特色化。除与中小学、社区体育中心等传统实践基地合作外，还应该积极拓展不同类型的实践基地，如专业运动队、健身俱乐部等，以丰富实践环境。根据体育教育专业的不同方向，选择具有鲜明特色的实践基地，如足球学校、田径训练中心等，为学生提供更为专业、更具针对性的实践机会。此外，利用虚拟现实（VR）、增强现实（AR）等先进技术建设虚拟实践基地，模拟真实场景，进一步拓宽学生的实践视野。

3.实践资源的整合与共享

在实践资源的整合与共享方面，充分发挥学校、社区、企业等多方优

势，共同投入实践基地建设。建立资源共享机制，实现实践设施、器材等资源的共享，提高资源利用效率。同时，鼓励学生积极参与实践基地的管理与运营工作，通过实践锻炼他们的组织与管理能力，培养他们的责任感和团队合作精神。这种资源整合与共享的模式不仅有助于提升实践基地的整体水平，也为学生提供更为丰富、更贴近实际的实践体验。

（二）实践课程优化：确保课程内容与实际需求紧密相连

1.课程内容的更新与调整

为确保实践课程内容与行业发展趋势同步，需要定期根据体育教育行业的新动态对课程内容进行更新与调整。积极引入最新的体育教育理念、教学方法和技术手段，确保学生所学知识与技能具备先进性和实用性。同时，增设与新兴体育项目相关的实践课程，如电子竞技、户外运动等，以拓宽学生的视野和兴趣范围。

2.课程设计的针对性与实效性

在课程设计方面，注重针对性和实效性。根据学生兴趣和职业发展方向，提供个性化的实践课程选择，确保每名学生都能在实践课程中找到自己的兴趣点和发展方向。同时，加强课程设计的科学性，确保实践环节与理论知识的有机结合，使学生在实践中深化对理论知识的理解。通过案例分析、模拟教学等方式，进一步增强课程的实用性和趣味性，提高学生的学习积极性和参与度。

3.课程实施的灵活性与创新性

在课程实施方面，注重灵活性与创新性。采用线上线下混合教学模式，提升课程的灵活性和可达性，使学生能够根据自己的时间和地点安排进行学习。鼓励学生参与课程设计与实施，培养他们的创新思维和实践能力，使他们在实践中不断成长和进步。此外，定期组织实践教学研讨会，分享教学经验与成果，促进教师之间的交流与合作，共同提升实践课程的教学质量。

（三）实践指导团队建设：提供专业有效的实践指导

1. 指导教师的选拔与培训

为确保实践指导的专业性和有效性，应严格选拔具有丰富实践经验的体育教师或教练担任指导教师。定期组织指导教师培训，提升其教学指导能力和行业认知水平，确保他们能够适应体育教育实践的最新要求。同时，鼓励指导教师参与学术研究和实践项目，保持其专业前沿性，从而为学生提供最新的行业动态和实践经验。

2. 指导方式的多样化与个性化

在指导方式方面，注重多样化和个性化。采用一对一指导、小组指导等多种指导方式，以满足不同学生的需求。利用现代信息技术手段，如远程指导、在线答疑等，提供便捷的指导服务，使学生能够随时随地获得专业的实践指导。同时，根据学生实践进展和反馈，及时调整指导策略和方法，确保指导的针对性和实效性。

3. 指导团队的协作与交流

重视指导团队的协作与交流。建立指导团队定期交流机制，分享指导经验和成功案例，促进团队成员间的互相学习和进步。同时，鼓励跨学科、跨领域的指导教师开展合作，共同解决实践过程中的复杂问题，以便为学生提供更为全面的实践指导。此外，邀请行业专家、学者参与指导团队建设，提供专业指导和建议，提升团队的整体水平。

（四）实践评价机制：客观评价学生的实践过程与成果

1.评价标准的制订与实施

为客观评价学生的实践过程与成果，需制订明确的实践评价标准，包括实践技能、创新能力、团队协作等多个维度。确保评价标准的客观性和公正性，避免主观偏见和人为干扰。同时，定期对评价标准进行修订和完善，以适应行业发展和学生需求的变化，确保评价的时效性和准确性。

2.评价方法的多样性与科学性

在评价方法上，注重多样性与科学性。采用自我评价、同伴评价、教师评价等多种评价方法相结合的方式，全面评估学生的实践表现。利用大数据、人工智能等技术手段，对实践过程进行量化分析和质性评价，提高评价的准确性和科学性。同时，鼓励学生参与评价过程，培养其自我评价和反思能力。

3.评价结果的反馈与应用

重视评价结果的反馈与应用。及时向学生反馈评价结果，指出存在的问题和改进方向，帮助学生明确自己的实践水平和提升方向。同时，将评价结果作为课程调整、指导教师选拔和学生奖惩的重要依据，促进实践教学质量的不断提升。此外，建立实践成果展示平台，鼓励学生分享实践经验和成果，促进相互学习与进步。

（五）政策支持与资源保障：为支持体系构建提供坚实后盾

1.政策环境的优化与引导

为给体育教育实践提供坚实后盾，应积极争取政府和教育部门的政策支持，制定有利于体育教育实践的政策措施。鼓励高校与地方政府、企业合作，共同推动体育教育实践的发展。同时，加强对体育教育实践重要

性的宣传，提高社会认知度和支持度，为体育教育实践营造良好的社会
环境。

2. 资金投入与资源配置

在资金投入与资源配置方面，加大对体育教育实践的经费投入，确保
实践基地、课程、指导等关键要素获得资金支持。优化资源配置机制，确
保资源向体育教育实践倾斜，提高资源使用效率。同时，鼓励社会捐赠和
企业赞助，拓宽资金来源渠道，为体育教育实践提供多元化的资金支持。

3. 法规制度的完善与执行

重视法规制度的完善与执行。完善与体育教育实践相关的法规制度，
确保法规制度合法性和规范性。同时，加强对法规制度执行情况的监督检
查，确保其得到有效实施。此外，建立健全学生实践权益保障机制，确
保学生在实践过程中的权益不受侵害，为学生提供安全、有保障的实践
环境。

三、支持体系对体育教育实践效果的提升作用评估

（一）实践机会的增加程度显著

实践机会的增加程度显著是支持体系对体育教育实践效果提升的重要
体现。具体而言，支持体系的构建使高校能够与更多的中小学、社区体育
中心等机构建立长期合作关系，并将这些机构作为固定的实践基地，从而
显著增加了实践基地的数量，为学生提供更多的实践场所和机会。同时，
除传统的实践课程外，积极拓展与新兴体育项目相关的实践课程，如电子
竞技、户外运动等，这些课程的增设使实践内容更加多样化，能更好地满
足不同学生的兴趣和需求。此外，通过优化实践课程安排和提高实践资源
的利用效率，成功延长了学生的人均实践时长，使学生能够更深入地参与

实践，获得更多的实践经验和技能。

（二）实践内容与实际需求高度契合

实践内容与实际需求的高度契合是支持体系对体育教育实践效果提升的又一重要体现。具体而言，定期根据体育教育行业的新动态对课程内容进行更新与调整，确保实践课程内容与行业发展趋势同步，这使学生所学知识与技能更加先进和实用。同时，通过与行业专家和企业的紧密合作，共同设计与市场需求高度匹配的实践项目，这些项目不仅锻炼学生的实践能力，还为他们提供了解行业动态和市场需求的机会。此外，通过对学生进行满意度调查，了解学生对实践内容与实际需求契合度的评价，从而检验支持体系在提升体育教育实践效果方面的作用。

（三）学生实践能力显著提升

学生实践能力的显著提升是支持体系对体育教育实践效果的重要贡献。具体而言，通过对比支持体系构建前后学生的实践技能测试成绩，发现学生实践技能水平的提升状况。同时，支持体系的构建注重对学生创新能力的培养，通过引入最新的体育教育理念、教学方法和技术手段，鼓励学生在实践中进行创新尝试，这使学生的创新能力显著增强，他们在实践中能够提出更多新颖、富有创意的想法和解决方案。此外，通过参与实践基地的管理与运营工作以及实践课程中的团队合作项目，学生的团队协作能力也得到显著提升，他们学会了如何与他人有效沟通、协作并共同解决问题，这对他们未来的职业发展具有重要意义。

（四）实践成果丰富多样

实践成果的丰富多样是支持体系对体育教育实践效果的又一重要体现。具体而言，支持体系的构建促使学生更加积极地参与实践，从而产生更多的实践成果，如研究报告、实践项目、创新方案等，其数量相较之前有显著增长。同时，对实践成果质量进行评估时，高质量实践成果的占比会显著提高。此外，支持体系的构建还使学生的实践成果获得更多认可和奖励，他们在各类实践成果评选和比赛中取得优异成绩和奖项，这不仅能够证明他们的实践能力，还为他们未来的职业发展奠定了坚实的基础。

（五）综合效益的凸显

综合效益的凸显是支持体系对体育教育实践效果的全面体现。具体而言，支持体系的构建使学生的实践能力显著提升，这让他们在就业市场上更具竞争力，能够更好地适应行业需求和发展趋势，从而获得更好的就业机会和职业发展前景。同时，支持体系的构建不仅提高了学生的实践能力，还促进了学校体育教育质量的整体提升。通过与行业专家和企业的紧密合作，学校能够及时了解行业动态和市场需求，调整和优化体育教育课程和实践内容，提高教育的针对性和实效性。此外，支持体系的构建使学校在体育教育领域的影响力显著提升，学校的体育教育成果得到社会和行业的广泛认可和赞誉，这为学校未来的发展和合作提供了更多机会和资源。

四、支持体系的持续优化与未来发展策略

（一）持续关注发展动态，调整优化体系内容

持续关注体育教育实践的发展动态，是支持体系持续优化与未来发展的重要策略。具体而言，应定期分析体育教育实践中的新趋势、新挑战以及学生和社会的新需求，并以此为依据，对支持体系的内容和结构进行适时调整与优化。这包括更新实践课程内容、拓展实践项目范围以及提高实践资源的利用效率，从而确保支持体系始终与体育教育实践的发展同步。

（二）深化合作与交流，共同创新与发展

加强与中小学、社区等实践基地的合作与交流，是支持体系持续优化与未来发展的关键策略。具体而言，要进一步深化与这些实践基地的合作关系，共同探索体育教育实践的新模式、新方法。同时，还应积极寻求与行业专家和企业的合作机会，共同推动体育教育实践的创新与发展，为学生提供更多元化、更高质量的实践机会和平台。

（三）鼓励学生参与，贴近实际需求

鼓励学生积极参与支持体系的优化过程，是确保支持体系始终贴近学生实际需求的重要策略。具体而言，应建立有效的反馈机制，定期收集学生对支持体系的意见和建议，并据此对体系进行持续改进和完善。同时，还可以通过举办座谈会、研讨会等活动，为学生提供直接参与支持体系优化过程的平台，使他们的意见能够被听取，需求能够被满足。

（四）深化改革与创新，培养高素质人才

展望未来，应继续深化体育教育实践的改革与创新，努力培养更多具备高素质和实践能力的体育教育人才。具体而言，要进一步探索体育教育实践的新模式、新方法，如引入更多新兴体育项目、创新实践课程形式等，以提高学生的实践兴趣和参与度。同时，还应注重培养学生的创新思维和解决问题的能力，使他们能够在未来的职业发展中更好地适应行业的变化和挑战。通过这些努力，相信能够培养出更多高素质且具备实践能力的体育教育人才，为体育教育事业的发展做出更大贡献。

第二节　体育教育实践与课程改革的互动机制

一、体育教育实践如何响应课程改革的新要求

（一）课程内容与方法创新：融合传统与现代，强化实践能力

在高校体育教育实践中，课程内容的创新与教学方法的改进是响应课程改革新要求的重要体现。传统体育教育往往侧重于体能训练和技能传授，然而新的课程改革要求体育教育不仅要关注学生体质的提升，而且要注重培养他们终身体育的意识和能力。因此，高校体育教育实践开始探索将更多现代教学内容融入课程中，如引入新兴体育项目、结合科技手段开展训练等。同时，运用多样化的教学方法，如情境教学、合作学习、探究式学习等，以此强化学生的实践能力，提高他们的学习兴趣和参与度。通过这些创新举措，高校体育教育实践能够更好地契合课程改革的新要求，培养出具备全面素质和实践能力的体育人才。

（二）评价体系重构：从单一向多元转变，注重全面发展

课程改革强调对学生进行全面发展的评价，高校体育教育实践也随之进行了评价体系的重构。传统的体育教育评价往往侧重于学生的体能测试和运动技能考核，而新的评价体系更加注重学生的综合素质评价，这包括体能、技能、态度、合作精神、创新能力等诸多方面，目的在于鼓励学生全面发展。为实现这一转变，高校体育教育实践开始注重过程性评价和表现性评价相结合，通过观察、记录、分析学生在体育活动中的表现来全面评价他们的体育素养和综合能力。同时，这种从单一向多元的转变也促使体育教师在教学实践中更加注重学生的个体差异，实施差异化教学，以满

足不同学生的需求和发展。

（三）师资培训与专业发展：提升教师素养，适应改革需求

课程改革对体育教师提出了新的要求，高校体育教育实践必须重视师资培训与专业发展。体育教师不仅需要具备扎实的体育专业知识和技能，而且要掌握现代教育理念和教学方法，能够灵活地运用各类教学资源，有效地组织和管理体育教学活动。为实现这一目标，高校体育教育实践积极响应课程改革要求，通过定期组织师资培训、教学研讨、学术交流等活动，不断提升体育教师的专业素养和教学能力。同时，鼓励体育教师参与课题研究、教学竞赛等活动，以提高其科研能力和创新能力。这些举措不仅有助于体育教师适应课程改革的需求，而且为其个人职业发展提供了广阔的空间。

（四）资源整合与设施改善：优化教学环境，提升教学质量

课程改革要求高校体育教育实践在资源整合与设施改善方面做出积极响应。学校需要优化体育教学资源的配置，以确保体育教学的顺利进行。为实现这一目标，高校需要加大对体育教育的投入力度，改善体育教学设施，如更新运动器材、完善运动场地、建设多功能体育馆等。这些设施的改善不仅为学生提供了更好的学习条件，而且激发了教师和学生的教学热情和学习动力。同时，高校还可以积极整合社会资源，如与社区、企业等合作开展体育活动和比赛，为学生提供更多的实践机会和展示平台。这些举措不仅有助于提升体育教学质量和效果，而且进一步推动了体育课程改革的深入实施。

二、体育教育实践对课程改革实施的反馈与影响

（一）课程改革实施效果的直接反馈

在高校体育教育实践中，课程改革的实施效果能够得到直接的反馈和检验。体育教师通过教学实践，深入探讨课程改革所带来的新内容、新方法在实际教学中的可行性和有效性。这些新内容和新方法不仅能丰富课程内容，还能够提高学生的学习兴趣和参与度。此外，学生在更加多元化、现代化的课程内容中，体质得到显著提升，对体育的兴趣和参与度也有显著提高。这些反馈都表明，课程改革的方向是正确的，它有助于推动体育教育实践的进一步发展。

（二）学生全面发展与体育兴趣的提升

体育教师还观察到，新的评价体系使学生更加注重全面发展，而不仅是体能和技能的提升。在新的评价体系下，学生的体育成绩不再仅仅取决于体能测试和技能考核，还包括了课堂参与度、团队合作、创新思维等多个方面。这种评价方式鼓励学生积极参与体育活动，发挥自己的特长和潜能。因此，学生在课程中表现出更高的积极性和参与度，对体育活动的兴趣也更加浓厚。这一变化进一步证明了课程改革在培养学生全面素质和实践能力方面的有效性。

（三）课程改革实施的挑战与反思

体育教育实践对课程改革也提出了一些挑战。体育教师在实践中发现，某些新兴体育项目在实际教学中的可操作性亟待增强。例如，一些高科技的体育项目，如虚拟现实体育、智能体育等，虽然具有很高的创新性和吸引力，但在实际教学中需要专业的设备和技术支持，操作起来相对复

杂。此外，如何更有效地将科技手段融入体育教学也是一个需要进一步探索的问题。这些问题促使课程改革者要更加深入地思考如何进一步完善课程内容和方法，使其更加契合高校体育教育实践的实际需求。

（四）对课程改革方案的完善建议

基于体育教育实践的反馈，课程改革者可以调整和完善课程改革方案，使其更加契合高校体育教育实践的实际需求。首先，可以增加更多具有可操作性的新兴体育项目，如简化高科技体育项目的操作流程、提供必要的教学辅助工具等，以降低其在实际教学中的难度。其次，可以探索科技手段与体育教学的有效结合方式，如利用智能穿戴设备监测学生的体能数据、开发体育教学软件等，以提高体育教学的科学性和趣味性。通过完善这些措施，能够使课程改革更贴近体育教育实践的实际需求，推动体育教育实践的进一步发展。

三、课程改革如何引导体育教育实践的方向与内容创新

（一）课程改革对体育教育实践方向的引导

课程改革作为体育教育发展的风向标，明确地指出了体育教育实践的发展方向。它要求体育教育实践更加注重学生的全面发展，强调终身体育意识和能力的培养。这一导向促使高校体育教育在课程内容方面做出了相应的调整和创新，不再仅仅注重传统的体能和技能训练，而是更注重对学生体育兴趣、运动习惯和终身体育意识的培养。

（二）课程内容与教学方法的创新实践

在课程改革的引导下，高校体育教育实践在课程内容中引入了更多有助于培养学生终身体育意识和能力的项目。同时，在教学方法方面也进行了积极的探索和实践。体育教师采用情境教学、合作学习等新型教学方法以提升学生的实践能力和学习兴趣。例如，通过模拟比赛场景、设置团队合作任务等途径，让学生在实践中学习并掌握体育知识和技能。

（三）资源整合与设施改善的探索与实践

课程改革还鼓励体育教育实践在资源整合与设施改善方面进行积极的尝试和创新。高校体育教育实践积极响应这一号召，注重教学资源的优化配置和教学设施的改善。例如，部分高校通过引入智能化教学设备、建设多功能体育馆等方式，提供了更为优质的教学环境和服务。这些举措不仅提高了体育教学的效率和质量，而且为学生提供了更为舒适、便捷的体育学习环境。

（四）体育教育实践深入发展与创新的推动

课程改革的引导不仅提升了体育教学的质量和效果，而且进一步推动了体育教育实践的深入发展与创新。在课程改革的引领下，高校体育教育实践不断探索新的教学理念和方法。例如，部分高校开始尝试将体育教育与其他学科融合，如体育与健康教育、体育与心理学等，以培养学生的综合素质和实践能力。同时，部分高校还积极开展体育科研活动，探索体育教育的科学规律和创新发展路径。这些举措为培养具备全面素质和实践能力的体育人才做出了积极贡献。

四、建立互动机制，促进体育教育实践与课程改革的协同发展

（一）体育教育实践对课程改革效果的反馈机制

为促进体育教育实践与课程改革的协同发展，需要建立一套有效的互动机制。高校体育教育实践应积极反馈课程改革实施的效果和问题，为课程改革提供实践依据和参考。这可以通过定期提交教学实践报告、组织教学研讨会等方式实现。例如，体育教师可以定期撰写教学实践报告，总结课程改革实施过程中的经验和教训，并提出改进意见和建议。同时，高校还可以组织教学研讨会，邀请课程改革专家、学者以及体育教师共同探讨体育教育发展的新理念、新方法和新趋势。

（二）课程改革与体育教育实践的交流研讨机制

定期组织体育教育实践与课程改革之间的交流和研讨活动。通过邀请课程改革专家、学者以及体育教师共同探讨体育教育发展的新理念、新方法和新趋势，加深彼此间的了解和合作。例如，可以定期举办体育教育实践与课程改革交流会，邀请各方代表就课程改革实施过程中的问题进行深入探讨和交流。同时，还可以利用网络平台建立在线交流社区，便于体育教师随时随地交流和分享经验。

（三）长期的合作与共同发展机制

建立一种长期的合作机制，使体育教育实践与课程改革之间形成紧密的互动关系。例如，可以设立专门的课程改革研究小组或机构，负责收集和分析体育教育实践的反馈信息，为课程改革提供持续的支持和指导。同时，鼓励体育教师积极参与课程改革的研究和实施工作，使其成为课程改

革的重要推动力量。例如，可以设立课程改革专项基金，支持体育教师开展课程改革相关的研究和实践活动。同时，还可以将课程改革成果与体育教师的职称评定、晋升等挂钩，激励他们更积极地参与课程改革工作。

（四）互动机制下的体育教育实践创新与发展

通过这些举措的实施，能够进一步促进体育教育实践与课程改革的协同发展。在互动机制的推动下，体育教育实践将不断探索创新的教学理念和方法，提升教学质量和效果。例如，体育教师可以尝试将新的教学理念和方法应用到实际教学中，通过实践检验其可行性和有效性。同时，他们还可以积极参与课程改革相关的培训和研讨活动，不断提升自己的专业素养和教学能力。另一方面，课程改革也将更贴近体育教育实践的实际需求，为培养具备全面素质和实践能力的体育人才提供有力支持。例如，课程改革者可以根据体育教育实践的反馈信息及时调整和完善课程内容和方法，使其更符合学生的实际需求和兴趣。同时，他们还可以积极探索新的课程评价方式和教学手段，以更科学、全面地评价学生的体育学习成果和实践能力。

第三节 体育教育实践与课程改革的评价体系 与持续改进

一、构建全面的体育课程评价体系

（一）多维度评价体系的构建

多维度评价体系的构建是全面评估体育教育实践与课程改革成效的关

键。在这一体系中，首先定期对学生体质进行测试，涵盖体能、柔韧性、力量等多个方面，以客观数据准确反映学生的体质状况。同时，设定明确的技能考核标准，对学生体育技能进行定期评估，确保他们的技能水平能够达到课程目标。此外，还将通过观察学生在课堂上的表现来评估他们的参与度、合作精神以及团队协作能力，从而更为全面地了解学生在体育学习过程中的实际表现。最后，鼓励学生在体育活动中展现创新思维，如设计新的游戏规则或提出改进训练方法的建议，以此激发学生的创造力和想象力，促进体育教育的创新与发展。

（二）过程性评价的重视

过程性评价在全面评估体育教育实践与课程改革成效中占据重要地位。为了更好地实施过程性评价，应为学生建立体育成长记录册，详细记录他们在体育学习过程中的进步与变化，包括技能提升、体能改善以及课堂表现等多个方面。这样，不仅能关注学生的最终成果，还能深入了解他们在学习过程中的努力与成长。同时，设置阶段性评价节点，定期对学生体育学习成果进行评估。通过阶段性评价，可以及时发现问题并进行调整，确保学生在每个学习阶段都能得到适当的指导和帮助。这种评价方式有助于更好地了解学生的学习情况，为他们提供更具针对性的教学支持。在过程性评价中，还应注重向学生提供具体的反馈。通过及时的反馈与激励，能够帮助学生更好地认识自己的学习情况，激发他们的学习动力，促进他们在体育教育中的全面发展。

（三）数据收集与分析的重要性

数据收集与分析在评估体育教育实践与课程改革成效中发挥着至关重要的作用。为了更科学地评估课程改革的效果，应建立体育教育数据收集系统，全面收集学生体质测试、技能考核、课堂参与度等方面的数据。这些数据为学生培养提供了客观、全面的信息，有助于更深入地了解学生的学习状况和课程改革的影响。在收集到数据后，运用统计学方法对其进行分析。通过数据分析，可以更准确地评估课程改革的成效，发现其中的问题与不足。同时，数据分析还能提供有力的证据支持，帮助专业人员做出更加科学的决策，进一步推动体育教育实践与课程改革的持续发展。

二、利用数据驱动进行体育教育实践与课程的持续改进

（一）数据解读与问题识别

数据解读与问题识别是利用数据驱动开展体育教育实践与课程持续改进的基础。对所收集到的数据进行深入解读，通过细致的分析，识别出课程改革实施过程中的关键问题。这些问题可能涉及教学方法、课程设置、学生参与度等多个方面。为更有效地解决问题，需对识别出的问题加以归类，如教学方法问题、课程设置问题、学生参与度问题等。这样，能够更为清晰地把握问题的性质和来源，为后续的改进工作提供具有针对性的方向。

（二）针对性改进建议的提出

在识别出关键问题并进行归类后，提出针对性的改进建议。对于教学方法问题，根据数据分析结果，提出诸如采用更多互动式教学、增加实践环节等改进建议，从而激发学生的学习兴趣和积极性。对于课程设置问题，根据数据分析结果，对课程设置进行合理调整，确保课程更契合学生的实际需求和学习特点。这样能够更好地满足学生的学习需求，提升体育教育的实践效果。

（三）持续改进的循环机制

为实现体育教育实践与课程的持续改进，建立了循环机制。首先，将提出的改进建议付诸实施，观察改进效果。通过实践验证，能够评估改进建议的有效性和可行性。其次，对改进效果进行评估，收集反馈意见。通过反馈意见的收集和分析，可以了解改进建议在实际应用中的效果以及存在的问题。最后，将评估结果和反馈意见作为下一轮改进的依据，不断调整和优化改进方案。这样就能够形成一个持续改进的循环机制，不断提升体育教育实践与课程的质量和效果。

三、强化体育教师的专业发展与创新激励机制

（一）专业发展计划的制订与实施

体育教师的专业发展是提升体育教育质量的关键。为此，有必要制订详细的体育教师专业发展计划并付诸实施。该计划包括定期的培训课程、研讨会等内容，旨在提升教师的专业素养和教学能力。同时，为教师提供国内外学习交流的机会，以拓宽其视野，使其能够学习更多先进的教学理念和教学方法。

（二）创新激励机制的建立

为激发体育教师的创新活力，应建立创新激励机制。对于在课程改革中取得创新成果的体育教师，给予物质与精神奖励，以表彰他们的贡献。同时，营造鼓励创新的氛围，鼓励体育教师勇于尝试新的教学方法与理念，不断探索适合学生发展的体育教育路径。

（三）教学成果的展示与分享

为促进体育教师之间的经验分享与合作，定期组织体育教师教学成果展示活动。这些活动为教师提供了展示自身教学成果的平台，同时鼓励他们分享教学经验和创新理念。此外，建立体育教师经验交流平台，便于教师随时进行经验交流和合作，共同提升体育教育质量。

四、建立多方参与的体育教育实践与课程持续改进机制

（一）政府层面的支持与保障

政府在体育教育实践与课程持续改进过程中扮演着重要角色。政府应制定体育教育发展的相关政策，为课程改革提供政策保障。同时，政府还应加大对体育教育的资金投入，确保课程改革拥有充足的经费支持。这些措施将为体育教育实践与课程的持续改进提供有力保障。

（二）学校层面的积极响应与实施

学校是体育教育实践与课程持续改进的主体。学校应积极响应政府号召，将课程改革措施落到实处。同时，学校应优化资源配置，确保体育教育拥有足够的师资与设施支持。这样，学校能够为体育教师提供更优的工作环境和条件，激发他们的教学热情和创新活力。

（三）教师层面的专业素养提升与课程改革参与

体育教师在体育教育实践与课程持续改进中发挥着关键作用。教师应不断提升自己的专业素养和教学能力，从而为学生提供更优质的体育教育

服务。同时，教师还应积极投身于课程改革的研究与实施工作，为课程改革贡献一己之力。这样，教师将成为课程改革的主要推动者和实践者。

（四）学生与家长层面的参与反馈

学生和家长是体育教育实践与课程持续改进的重要参与者。应鼓励学生踊跃参与体育教育的评价与反馈工作，提出自己的意见和建议。同时，家长也应支持学校的体育教育改革工作，与学校共同关注学生的体育发展状况。这样，学生和家长的参与和反馈将为课程改革提供重要的参考依据。

参考文献

［1］朱家明，代娅丽，魏婷．终身教育理念对高等教育的影响［J］．继续教育研究，2021（1）：9-12.

［2］钟秉枢．多元融合下的体育教学科技新时代［J］．体育教学，2022（1）：34-35.

［3］陈斌，周永利．学校体育落差现象的表现、归因及应对［J］．重庆三峡学院学报，2019，1（4）：20-127.

［4］邵天逸，李启迪．我国体育课程能力目标审视—基于学科与学理的多维考辩［J］．体育学刊，2024（1）：8-15.

［5］王彦收．数字化赋能高校体育教学的价值意蕴与实施路径［J］．教育理论与实践，2024（21）：57-60.

［6］中共中央 国务院关于加强青少年体育 增强青少年体质的意见［EB/OL］．（2007-05-07）［2024-09-04］．https://www.gov.cn/gongbao/content/2007/content_663655.htm.

［7］中共上海市委、上海市人民政府关于切实提高青少年学生身心健康水平 实施学生健康促进工程的通知［EB/OL］．（2014-03-31）［2024-09-04］．http://www.shmec.gov.cn/.

［8］蔡皓，王立新．上海市小学体育兴趣化课改方案精选［M］．上海：
　　学林出版社，2018．

［9］张佳康．试论我国体育教育专业人才培养现状以及对策研究［J］．
　　文体用品与科技，2017（24）：24-25．

［10］徐延丽，刘春燕．我国高校体育教育专业课程设置发展特征、影响
　　因素与展望［J］．体育文化导刊，2023（3）：105-110．

［11］杜鹃，杨东亚，吴兆斌．试论素质教育背景下的高校体育及师资队
　　伍建设［J］．北京林业大学学报，2009（8）：58-60．

［12］周建华．普通高校体育师资队伍建设的研究——对20所实施"三
　　自主"选课模式的高校调查［J］．北京体育大学学报，2011，34
　　（1）：81-84．

［13］孙正，王建．安徽省高校体育教师实行"教学型"高级职称的改革
　　探索［J］．南京体育学院学报（社会科学版），2012，26（5）：
　　90-93．

［14］赵国庆．山东省高校体育教师引进现状与对策研究［D］．烟台：
　　鲁东大学，2015．

［15］孔庆波，陈洋．高校体育师资学历结构极化病态究因与建改思考
　　［J］．西安体育学院学报，2015（5）：621-627．

［16］林育建．高校体育教育专业校外实践教学基地建设路径探索［J］．
　　赤峰学院学报（自然科学版），2018（11）：121-122．

［17］教育部．教育部办公厅关于印发《〈体育与健康〉教学改革指导纲
　　要》的通知，［EB/OL］．（2021-06-30）［2023-03-15］．http://
　　www.moe.gov.cn/srcsite/A17/moe_938/s3273/202107/t20210721_545885.
　　html．

［18］黄汉升，季克异．我国普通高校本科体育教育专业课程方案的研制

及其主要特征［J］. 体育学刊，2003（2）：1-4.

［19］李俊明. 陕西省体育教育专业课程设置研究［J］. 体育文化导刊，2011（6）：106-108.

［20］陈辉映. 师范类专业认证背景下体育教育专业人才培养目标体系研究——基于"目的适切性"质量观的视角［J］. 体育学研究，2022，36（4）：66-74.

［21］周琴，周敏. 基于反思性实践的师范生"教育见习、研习、实习一体化"实践模式的探讨［J］. 教育现代化，2018（45）：260-262.

［22］刘蕴秋，邹为诚. 教育见习课程对职前英语教师专业发展影响探究［J］. 全球教育展望，2012，41（8）：88-96.

［23］吴宗劲，饶从满. 教育实践类课程对职前教师从教准备度的贡献研究［J］. 教师教育研究，2018，30（6）：37-43.

［24］董翠香，杨昕睿，李梦欣，等. 师范类专业认证下体育师范生"三习"教育实践体系建构研究［J］. 天津体育学院学报，2023，38（5）：533-541，84.

［25］教育部. 教育部关于印发《关于加强师范生教育实践的意见》［EB/OL］.（2016-03-21）［2024-09-04］. http://www.moe.gov.cn/srcsite/A10/s7011/201604/t20160407_237042.html.